선택

선택

초판 1쇄 발행 2018년 3월 12일

지은이 현정길
펴낸이 강수걸
기획 이수현
편집장 권경옥
편집 정선재 윤은미 박하늘바다 김향남 이송이
디자인 권문경 조은비
펴낸곳 산지니
등록 2005년 2월 7일 제333-3370000251002005000001호
주소 부산시 해운대구 수영강변대로 140 BCC 613호
전화 051-504-7070 | 팩스 051-507-7543
홈페이지 www.sanzinibook.com
전자우편 sanzini@sanzinibook.com
블로그 http://sanzinibook.tistory.com

ISBN 978-89-6545-490-8 03330

진보로
부산을 새롭게
디자인하자

선택

현정길 지음

산지니

한양대학교에 다니던 1983년 집시법 위반으로 제적된 후,
1986년에 노동운동을 위해 제가 처음으로 발을 디딘 곳은 용
호동에 있던 동국제강입니다.

지금은 LG 메트로시티 아파트가 들어서면서 부산에서 가장
핫하고 쾌적한 동네 중의 한 곳이 되었습니다만 당시에는 5만
여 평의 공장 부지를 둘러싸고 있던 긴 담벼락과 담 위의 초소,
그리고 간간이 빛을 흩뿌리던 수은등으로 인해 음침하고 괴기
한 느낌을 주던 곳이었지요.

그렇게 노동현장에 첫발을 디디고 노동운동과 시민운동, 교
육운동을 거쳐 오늘 이 자리까지……. 벌써 33년의 세월이 흘
렀습니다.

한국사회에서 그것도 부산에서 사회운동을 하는 것이 결코
쉽지는 않았지만, 돌아보면 감히 행복했다고 말할 수 있는 삶
이었습니다. 사회에 뭔가 기여하고 있다는 보람과 긍지, 그리
고 억압받고 소외된 사람들과 함께 낮은 곳에서부터 생활해
온 인생이 그래도 대견하기 때문입니다. 앞으로도 갈 길은 멀
고 험난하겠지만요.

인생의 절반이 훨씬 지나간 자리에서, 지난 30년간 사회활동을 하면서 보고 듣고 느낀 것들을 한 권의 책으로 엮었습니다. 처음부터 출판하려고 썼던 글들이 아니었기 때문에 주제나 내용은 무척 방만합니다. 그마저도 살아오면서 틈틈이 썼던 글들의 대부분은 거의 없어지고, 겨우 남아 있는 몇 개의 글들을 모았습니다.

언제가 될지 알 수는 없었습니다만, 어느 시점에서든 한 번은 반환점 같은 기회를 갖고 싶었습니다. 지금이 그 순간이라면 참으로 행복할 것 같습니다.

20여 년간 노동운동을 하고 새롭게 시민단체에서 활동하기 시작했을 때가 그 지점이 아니었을까 생각할 수도 있었겠지만, 사실상 제 삶의 모든 순간은 운동의 연속이었습니다. 노동운동과 시민운동은 그 영역과 방식이 달랐을 뿐이지 관점과 목표는 그다지 다르지 않았습니다.

선거를 통해 지역사회를 변화시키고자 했던 것도 그랬고, 부산시교육청에서의 공무원 생활도 마찬가지였습니다. 새로운 장(場)으로 갈 때는 힘들고 어려운 부분도 있었지만 세상 살아가는 원리가 크게 다르지 않았으므로 힘든 줄도 모르고 어려운 부분은 하나씩 풀어나가며 '다 그러려니……' 하면서 살아온 것 같습니다.

그런데 이번에는 반환점 같은 의미를 부여하고 턴(Turn)을 해보고 싶습니다. 그전에도 정치활동과 늘 연관되어왔지만 이번에는 직접 현장에서 지역에서 새로운 일을 시작하고자 합니다.

남구는 제게 매우 의미 깊은 동네입니다.

동국제강을 다니면서 용호동 시장 통에서 보증금 20만 원에 4만 원짜리 달세를 살던 시절이 있었고, 결혼 5년차에 다시 용호동 부산은행 위로 한참을 올라가면 있던 심우주택에서 살던 기억도 있습니다. 그때 처음으로 첫째 아이 승재를 어린이집에 보내려고 하는데 엄마, 아빠와 떨어지지 않으려고 우는 아이를 어렵게 맡기고 나왔더랬지요. 지금 생각하면 왜 아이를 억지로 어린이집에 맡겨야만 했을까 하는 후회가 밀려오기도 합니다.

그렇게 남구에 산 지 올해로 벌써 20여 년이 다 되어갑니다. 오랫동안 이곳 남구에 살면서 제가 살고 있는 남구 지역을 바꿔보고 싶다는 생각을 구체적으로 하기 시작한 것은 최근 부산시교육청에서 교육혁신을 위해 일하면서부터였습니다. 교육혁신은 단순히 교육 그 자체만으로는 이룰 수 없으며, 지역의 혁신 속에서 교육혁신도 가능하다는 것을 깨닫게 된 것입니다.

지금 우리 시대 최고의 화두는 '지역혁신'입니다. 혁신은 적폐청산 없이는 불가능합니다. 그리고 적폐청산만으로 혁신을 다 이루었다고 할 수도 없습니다. 그것은 바탕일 뿐입니다. 혁신을 위해서는 격차의 해소와 함께 문화혁신이 동반되어야 합니다. 삶의 터전을 위협하는 지역 격차는 지속 가능한 성장 동력으로 지역의 가치를 제고함으로써 지역민의 삶을 풍요롭게 하고, 또 그 속에서 지역 인재를 육성해나가야만 어느 정도 해소할 수 있습니다.

지역 격차 해소와 균형 발전, 그리고 삶의 선순환을 위한 생태계 조성을 위해 그동안 뜻 있는 분들을 만나고 부지런히 뛰어다니며 부산의 여러 지역에서 마을교육공동체 사업을 지원해왔습니다. 이제는 제가 살고 있는, 그리고 앞으로도 살아갈 남구의 보다 구체적인 현장에서 지역 혁신을 이루고 싶습니다.

그리고 다시 활동의 성과를 책으로 낼 수 있도록 이번에는 구체적으로 기록하고 꼼꼼하게 정리해야겠다는 다짐을 해봅니다.

책을 내는 데 많은 도움을 주신 분께 지면으로나마 진심 어린 감사의 인사를 드립니다. 그리고 산지니 출판사 강수걸 사장님과 권경옥 편집장님께도 깊은 감사의 말씀을 드립니다.

현정길, 그 삶의 궤적에 의한 필연적 '선택'

심상정(정의당 국회의원)

현정길은 나와 함께 90년대 금속산별노조 건설과정에 함께했고, 지금은 정의당 부산시당 대변인으로 한배를 타고 있다. 지난 2014년, 부산의 김석준 교수를 도와 교육감 선거에서 선대본부장을 맡았고 그 후 진보 교육감의 교육 개혁에 함께하기 위해 부산시교육청에서 정책관리팀장으로 공무원 생활을 하다 2018년 제7회 지방선거를 앞두고 정의당에 입당했다.

주변에서는 대부분 '꽃길'을 마다하고 진보정치라는 '자갈길'을 택한 그의 선택이 의외인 듯 말한다. 그러나 그는, 진보정치야말로 촛불 민심에 가장 부합하는 길이며 진보정치를 성장시키는 것이 불평등과 불공정으로 고통받는 한국사회를 가장 확실하게 개혁하는 지름길임을 확신한다.

『선택, 진보정치로 부산을 새롭게 디자인하자』라는 책 제목처럼 현정길의 '선택'은 그의 삶의 궤적에 따른 필연적 결과다.

외환위기 이후 다시 태동한 진보정당은 난파 위기에 처한 한국사회와 민중의 삶을 지켜내기 위해 자신을 던졌다. 진보정당 활동가들은 아무런 보상도 없이 자신의 삶 전부를 진보정당에 갈아 넣었다. 진보정당은 양극화라는 사회적 위기에 대응해 '부유세'라는 화두를 한국사회에 던지고 무상교육과 무상의료, 무상급식과 같은 당시로서는 파격적인 정책을 제시했다. "살림살이, 좀 나아지셨습니까?"라는 질문을 통해 민중의 고단한 삶을 어루만지고, 다소 투박한 민중의 언어야말로 정치의 언어일 수 있다는 것을 앞서서 보여주었다.

진보정당이 개척한 무상급식은 이제 우리 사회에서 하나의 상식이 되었고 보수정당 후보들마저 무상보육과 같은 보편복지를 자신의 공약으로 내세우지 않으면 안 되도록 만들었다. 그 모든 과정에 진보정당의 '무상의 헌신'이 있었다.

지금 보면 당연한 것들이지만 불과 몇 년 전에는 과격하고 실현가능성 없는 정책이라고 매도되었다. 경제규모가 세계 10위권으로 성장했음에도 노동자와 서민들의 요구는 항상 후순위였다. 소수 부자들을 위한 정책은 '투자'로 미화되었고 노동자와 서민을 위한 정책은 '비용'으로 매도되었다. 한때 세계 4위의 부국으로 성장했던 아르헨티나가 속절없이 추락했던 것처럼 그것은 더 이상 지속가능하지 않은 것이었다.

진보정당은 우리 사회가 가야 할 길을 정확히 제시했고, 지금 한국 사회는 진보정당이 앞서서 제시한 길, '보편복지의 확대'와 '경제 민주화'의 방향으로 조금씩 방향을 틀어 촛불 시민 혁명 이후 지금까지 나아왔다. 진보정당은 마치 촛불처럼 자신을 녹여 주변을 밝히는 존재였다. 거칠고 어두운 밤바다를 밝히는 등대였지만 직접 키를 쥐고 운전하지는 못했다. "진보정당이 하는 말은 맞는데 힘이 있느냐?"는 질문이 끊임없이 우리를 괴롭혀온 것이다.

그러나 나는 단언컨대 진보정당에게 운전대를 맡겨주면 그 누구보다 잘할 자신이 있다고 말할 수 있다. 정책이 부족한가? 청렴도가 떨어지는가? 현장성이 부족한가? 지난 대선에서도 정의당의 정책이 가장 높은 평가를 받았다. 어떤 고난에도 굽히지 않았던 신념의 강자들이며, 땀 흘려 일하는 사람들과 함께 고락을 같이해온 쟁쟁한 활동가들이 정의당의 가장 소중하고 큰 자산이다.

이 책의 저자 현정길도 그중 한 사람이다. "진보정치로 부산을 새롭게 디자인하자."는 그의 당당한 제안은 오랜 사회운동에서 나온 결론이다. 이 책의 몇 대목만 읽어봐도 그가 얼마나 치열하게 현실과 맞섰으며 대안을 찾기 위해 부심했는지를 알 수 있다.

노동운동가로서 현정길은 "정규직 노동자들이 자신의 임금 인상분에서 혹은 연말 성과급에서 10%만이라도 같은 계급 내 소외계층을 향해 기금을 내고, 단 한 가지의 실천이라도 함께 한다면 그러한 투자야말로 자본가들의 썩어빠진 주식 투기보다 훨씬 더 가치 있게 자신과 자식들에게 두 배, 세 배가 되어 돌아갈 것"이라며 비정규직 노동자들, 그리고 중소 영세사업장의 미조직 노동자들과의 진정성 있는 연대의 길을 모색해왔다.

부산참여연대 정책위원장이라는 시민운동가로 변신한 이후 그는 정체되어 있는 시민운동 내부를 향해서도 비판을 아끼지 않았다. "운동방향과 세부적 방법을 둘러싼 공개적인 논쟁은 잘 이루어지지 않고 있어, 각 사안에 대해 치밀하게 대응하지 못하는 한계도 존재한다. 가덕도 신공항에 관한 문제나 과거 삼성자동차 유치 등과 관련해서는 견해 차이가 많을뿐더러, 민감한 부분에서는 시민단체도 언급을 하지 않는 경우가 있다. 이렇게 시민운동에 대한 검증이 진행되지 않을 경우에는 지자체 등이 시민단체에 대한 선택적 활용이 가능하게 되고 결국에는 시민운동의 분열과 위상 약화로 귀결될" 수밖에 없다며 시민운동단체들에게도 치열한 고민과 공개적인 토론을 촉구했다.

김석준 교육감을 도와 부산시교육청 정책관리팀장으로 일하면서는 새누리당(현 자유한국당)에 포위되어 있는 시의회 구조에 파열구를 만들기 위해 자신의 지력을 쏟아냈다. "문제는 의무급식 예산을 심의하는 기관인 부산광역시의회에서 의무급식에 반대하고 있고, 교육에 협력해야 할 부산광역시에서도 소극적이라는 점이다. 아무리 부산광역시교육청에서 의무급식 예산을 편성하더라도 의회에서 통과시키지 않으면 불가능하므로 정책당국인 교육청과 학부모, 학생 다수가 원하는 의무급식은 실현되지 않을 수도 있다. (…) 부산만 해도 어린이집 누리과정 예산을 교육청에서 편성하면 기존 예산에서 약 1,000억 원을 빼서 어린이집 예산으로 편성해야 하니, 결국에는 초·중·고 등의 학교에 갈 예산이 그만큼 줄어들 수밖에 없게 되는 셈이다. 지역교육청의 예산을 가지고 교육부가 교육현장을 이리저리 흔들고 있는 것이다."

이렇듯 현정길의 『선택, 진보정치로 부산을 새롭게 디자인하자』는 노동, 시민, 교육 등 제반 영역에서 치열한 고민의 흔적을 보여주고 있으며 '실사구시'하는 실천가로서의 면모를 확인하게 해준다.

나는 그의 자유의지에 의한 '선택'이 옳았음을, 깨어 있는 시민들이 함께 증명해주기를 간절히 소망한다.

차례 ——

4부 논평의 재구성

1부

진보정치

진보정치로 부산을 새롭게 디자인하자

선택

다니던 교육청을 그만두고 진보정치를 하겠다고 했다.

나를 걱정하는 대부분의 사람들이, "교육청에 계속 있으면 좋겠다."고 했다. 그리고 "올해 선거도 있는데 이번에도 교육감을 도와야 하지 않겠냐."고도 했다. 현실적인 판단으로는 그것이 맞다. 가족들도 모두 그만두는 것에 대해 우려했다. 주변에서도 마찬가지였다.

김석준 교육감을 도와 2014년 지방선거에서 승리한 후 부산시교육청에 들어간 지 3년 4개월 되던 지난해 말에 사직을 했다. 교육 혁신의 과제를 계속 추진하고자 한다면 현 교육감이 2기에서 더욱 확실하게 잘할 수 있을 것이라고 나는 확신한다. 교육청에 있었던 기간, 나 역시 우리 교육에 대해 더 많은 것을 알게 되었고 우리 아이들을 위해 나름대로 많은 것들을 해왔다. 그러니 지인들의 말처럼, 교육청에 계속 있으면 지금까지보다는 훨씬 수월하게 교육 혁신을 추진할 수 있을 것이다.

그러나 내 생각은 조금 달랐다. 교육 혁신은 교사와 교육 단체들이, 그리고 교육감이 얼마든지 해낼 수 있지만 진보운동은 그렇지 않았다. 노동운동도, 진보정치도 약화되고 있었다.

4년 전, 현 교육감을 도왔던 것은 수구보수세력이 지배하고 있는 부산의 큰 선거에서 진보 진영이 이기는 판을 만들어보고 싶었기 때문이었다. 그래서 교육감 선거를 제안했고 거기에 몰입했다. 굳이 교육청에 들어가는 것까지는 생각하지 않았다. 오히려 교육감 선거를 통해 진보정치의 확대를 일관되게 추진하는 데 더 비중을 두었다.

나를 향한 오해와 걱정도 있었다. 정치를 하려면 현재 여당인 민주당으로 들어가서 당선이 되어야지, 그래서 변화를 추진해야지 그 나이에 안 될 곳으로 가서 이제 씨앗을 뿌리는 것이 무슨 의미가 있느냐는 것이었다. 지난 몇 번의 선거 과정에서 나름대로 민주당과 많은 관계를 가져왔고, 또 그쪽에서도 나름대로 지명도가 있었기에 주변에서 그런 생각들을 하는 것이 당연할지도 모른다.

민주당과의 관계는 2010년으로 거슬러 올라간다. 그해 지방선거를 앞두고 2009년 중반부터 나는, 한나라당 일당 독재 지역인 부산에서는 야당 후보 단일화를 통해서만 일정 성과를 거둘 수 있고 진보정당에게도 의회 진출의 기회가 생길 수 있다고 역설하였다. 주로 민주시민교육원과 부산참여연대, 그리고 촛불단체들을 대상으로 하였고 개인이든 단체든 가리지 않고 설득하였다. 그러면서 '후보단일화위원회'를 만들 것을 주장했다. 한나라당 일당 지배가 극에 달하는 시점이었고 지역의 정치는 암울함 그 자체였기 때문에 많은 분들이 그렇게 하면 좋겠다고 격려하며 마음을 모아주었다.

다행히 2008년 광우병 촛불을 거치면서 부산에서도 새로운 세력이 형성되었고, 부산참여연대 역시 내부 혁신을 하고 있었던 때였다. 참여연대와 촛불 활동가들이 2009년 말부터 약 5회에 걸쳐 토론회를 가졌다.

참고로, 2006년 지방선거에서는 기초의원 당선자 158명 중 한나라당 소속이 137명이고 당시 여당이었던 열린우리당이 겨우 19명, 무소속이 2명이었다. 한나라당 깃발만 꼽으면 2인선거구든 3인선거구든 거의 대부분이 당선되었다. 광역의원과 기초단체장, 광역단체장은 말할 것도 없이 한나라당 천지였다.

그런 상황에서 2010년 지방선거가 다가오자 나서는 사람조차 없는 분위기였다. 그래서 후보 단일화를 통해 출마자가 많지 않을 것으로 예상되는 지방선거에 과감하게 출마하면 기초의회에서는 당선 가능성이 높을 뿐만 아니라 광역이나 기초 단체장 선거 등에서도 나름대로 의미 있는 득표를 할 수 있을 것이라고 전망했다.

다행히 전국적으로 야권연대의 분위기가 만들어졌고, 부산에서도 민주당을 비롯해 민주노동당, 진보신당, 국민참여당이 야권연대에 참여하여 논의할 수 있었다. 그 결과 기초의회에서 한나라당 93명, 민주당 28명, 민주노동당 9명, 진보신당 3명, 국민참여당 2명의 당선자를 내었다.

얼핏 당선 인원이 적은 것처럼 보일 수도 있지만, 출마자가 적어서 그럴 뿐 단일후보의 당선률은 90% 수준이었다. 광역의원으로 나간 진보정당의 후보들도 1:1 선거구도에서는 40% 내외의 득표율을 보였다.

2010년 야권연대의 결과는 민주당이 자신감을 회복하는 계기를 만들어주었고, 진보정당도 기초의회에 진출하는 경험을 가질 수 있었다. 야권연대가 윤곽을 드러내고 본격 선거운동에 들어가면서 나는 '부산을 바꾸는 시민네트워크' 운영위원장의 자격으로 야권연대 부산시장 후보인 민주당 김정길 후보 선대위에서 공동선대본부장을 맡았다.

그런데 여기에서 하나의 딜레마가 생겼다. 민주당은 이런 계기를 적극 활용하고 이후 몇 번의 당내 토론회에도 초청하여 서로 논의하면서 네트워크를 확장하는 반면, 진보정당들은 그런 과정을 공유하는 노력이 없었던 것이다. 단일화를 주도한 '부산을 바꾸는 시민네트워크'는 분명 진보적 시민사회 인사들로 구성되었지만, 야권연대에 대한 진보정당의 입장은 왠지 흔쾌하지 않았던 것 같다. 실제 진보신당에서는 시장 후보 사퇴에 대해 반대 입장이 강했었고, 그로 인한 내부 혼란도 적지 않았기 때문에 이해할 수밖에 없었다.

그 이후 MB 정권에 실망한 일단의 시민사회에서는 2012년 말 또다시 이명박근혜 정권을 만들 수는 없다는 의지 하에 문재인 대통령 후보 부산공동선대위를 구성하게 되었다. 나는 공동선대본부장을 맡게 되어 시민사회를 실무적으로 챙기는 역할을 하게 되었다.

비록 연대라는 형식이었지만, 이처럼 두 번씩이나 민주당의 시장 후보와 대통령 후보의 선대본부장을 맡았으니 주변에서는 민주당과 상당히 가까웠으리라고 생각할 수도 있었을 것이다.

그러나 내게 있어서 민주당은 진보정당을 강화시키기 위해 연대할 수밖에 없는 대상이었다. 진보정당의 독자적 힘만으로는 성장하기 어렵다고 판단했기 때문이었다. 민주주의를 확대하려면 제반 민주세력들과 더불어 성장해야 한다.

교육청을 그만두면 원래 내가 있던 자리로 돌아가는 것이 정상이다. 그 '원래 자리'는 노동 현장이나 시민사회, 혹은 진보정당이 될 것이라고 생각했다. 그리고 선택한 곳이 진보정치의 장(場)이다.

사실 엄밀히 말하면, 지난 3여 년간 교육청에서도 나름대로는 진보적인 교육 혁신을 추진하고자 노력했기에 '원래 자리'로 돌아간다기보다 나는 늘 그 자리를 지키고 있었던 것인지도 모르겠다.

교육감 선거

2010년 지방선거에서 야권연대로 시장 후보가 된 김정길 후보는 44.57%를 득표하면서 기염을 토했다. 향후 부산에서도 변화의 조짐을 보였던 선거였다.

그리고 또 다른 한편에서는 전국 6곳에서 진보교육감이 당선되는 쾌거가 벌어졌다. 교육감 선거는 정당선거가 아니기 때문에 진보 후보가 단일화한다면 승산이 있었다. 유권자들은 정당에 대한 선입견을 갖지 않을 수 있기 때문에 인지도와 교육정책을 통해 유권자의 심판을 받을 수 있는 선거라고 할 수 있다.

부산에서도 전교조 지부장 출신의 박영관 후보가 선전했지만 2.7%의 차이로 아깝게 낙선했다. 교육감 후보는 9명이었고, 진보 교육감은 박영관 후보 혼자였기 때문에 전략을 잘 만들면 당선될 수 있는 분위기였다. 그러나 부산의 고질적 병폐였던, 한나라당에 대한 무조건 지지는 당시 기호 1번을 뽑은 임혜경 후보에게로 쏠렸다. 이른바 '묻지마 1번 투표'의 기제가 작동한 것이다. 2010년 교육감 선거에는 직접적으로 관여하지 않았기 때문에 함부로 평가할 수는 없지만 상당히 아쉬움이 많이 남는 선거였다.

이후 2012년 총선에서는 진보정당의 분열에 따른 위기감으로 민주노동당과 진보신당, 그리고 국민참여당의 3당이 통합진보당으로 통합하여 선거에 나서게 되었다. 이때만 해도 연대의 분위기가 있었기 때문에 통합진보당의 고창권 후보와 민병렬 후보가 나선 해운대 기장 갑 선거구와 영도구 선거구에는 통합민주당이 후보를 내지 않고 양보하였다. 그러나 총선에서는 대통령 후보로 거론되던 문재인 후보를 제외하고는 단 한 석도 야권이 가져오지 못했다.

2012년 총선과 대선에서 민주진보 진영이 석패하고 나니 허탈했다. 그래서 진보 진영에서 이기는 선거가 필요하고 중요하다는 생각이 들었고 교육감 선거에서 그 가능성을 보았다.

2010년 교육감 선거를 나름대로 재조명해보았을 때 '인지도'와 '진보단일 후보'가 가장 중요한 변수였다.

2010년 교육감 선거는 설동근 교육감이 이미 3선을 마친 상태라 후보들 모두 동등한 입장에서 선거를 치렀다면, 2014년 교육감 선거는 현직 교육감이 재선에 도전할 것이기에 2010년 때보다 어려운 선거일 수밖에 없었다. 현직 교육감이 옷 로비 사건으로 청렴 부분에서 불리한 면이 있긴 했지만 검찰에서는 이미 기소유예 결정을 내린 상태였다.

시민 사회와 지식인 사회에서는 교육감을 바꾸어야 한다는 여론이 높았지만 투표권이 있는 부산시민 모두가 투표에 참여하는 것은 아니기 때문에 현직이 유리한 선거임에는 틀림없었다. 그래서 일반 시민의 관심을 높일 수 있는 후보 전술이 중요하다고 생각했다.

당시 김석준 부산대 교수는 교육자로서의 자질을 갖추고 있을 뿐 아니라 이미 두 번의 시장선거 출마를 통해 어느 정도의 인지도가 있었다. 또한 교사를 양성하는 사범대 교수라는 점에서, 그리고 출신학교와 지역 등에서 상당히 좋은 조건이라고 생각하여 2013년 1월경 직접 찾아뵙고 교육감 선거 출마를 제안하였다.

나중에 알게 된 사실이었지만 그 시기에 이미 박영관 선생님도 출마 준비를 하는 중이었다고 한다. 당시 '진보광장'을 비롯해 지역 시민사회의 대표들에게 교육감 후보로서의 김석준 교수에 대해 의향을 타진하고 있었는데, 박영관 선생님이 출마 준비를 하고 있다는 사실은 인지하지 못하고 있었다.

민주노총을 그만두고 참여연대활동을 하고 있던 중이라 전교조와 교류가 거의 없던 시기이기도 했다. 그리고 이후라도 전교조에서 후보가 나오면 단일화를 추진하면 될 것이라고 보았기 때문에 면밀하게 조사하지 못한 면도 있었다.

2014년 교육감 선거는 의외로 진보 진영에서도 4명의 후보가 나서게 되었다. 아마도 2010년 6명의 진보 교육감의 승리가 원동력이 되어 나머지 지역에서도 진보 교육감에 대한 기대가 높았기 때문이라고 생각했다. 그러나 단일화 과정은 생각보다 상당히 힘들었고, 아직도 아물지 않은 상처가 남은 듯하다.

여하튼 2014년 선거에서 가장 큰 이슈는 역시 진보 교육감의 탄생이었다. 그리고 세월호 참사로 인해 예상을 훨씬 넘어 13곳에서 진보 교육감이 당선되는 결과가 나타났다. 그리고 그 여파는 너무나 컸다. 교육혁신에 대한 열망도, 13명이나 되는 진보 교육감에 대한 기대도 높을 수밖에 없었다. 부산에서도 광역단체장과 기초단체장, 광역의원 모두 새누리당이 싹쓸이한 상황에서 광역단체장과 선거구가 동일한 진보 교육감에 대한 기대가 클 수밖에 없는 조건이었다.

인수위원회가 구성되었고, 많은 과제들이 제기되었다. 교육과 관련한 많은 단체와 관계자들이 인수위원들에게 정책제안을 해왔고 면담이 이루어졌다. 2개월의 인수위 활동 기간이 어떻게 흘러갔는지도 모를 지경이었다. 그리고 우여곡절 끝에 교육청 정책담당 사무관 공모에 응하여 임기제 공무원으로서 업무를 보게 되었다.

교육청에 들어간 임기제 공무원이나 별정직 공무원 중 과거 민주당 활동을 한 경력이 있거나 민주당 선대본에서 일한 경력이 있는 분들이 있었기 때문에 나에 대해서도 민주당과의 관계를 추측하는 사람들이 꽤 있었던 듯하다.

현장 활동의 교훈

학생운동을 하면서 나는, 향후 노동현장에 들어가서 생산의 주역이자 가장 억압받고 소외되어 있는 노동자들을 위해 세상을 바꾸는 데 일조하겠다고 생각했었다. 그러고는 졸업도 못하고 노동현장에 들어갔다.

80년대 학생운동을 한 사람 치고 혁명을 꿈꾸지 않은 사람은 없었을 것이다. 나도 그랬다. 암울한 사회를 바꾸어 억압받고 소외된 사람들이 사람답게 살 수 있는 세상을 그렸고 모두가 인간으로서 존중받고 행복하게 살 수 있는 세상이 올 것이라 믿었다. 착취와 억압이 사라지면 평등과 평화가 찾아올 것이라고.

그래서 노동현장에서 5년을 굴렀다. 처음 간 곳은 남구 용호동 초입에 있는 동국제강이었다. 고된 노동이 시작되었다. 12시간 맞교대 근무에다 시커먼 쇳가루와의 사투……. 12시간을 일하고 샤워를 하면 시커먼 가래가 목에서 나오고, 숨 쉬는 코 밑은 새까매져 있었다. 철강공장인데도 탄광촌과 다를 바 없었다. 실제로 동국제강에 근무했던 노동자들 중에는 환경이

별 차이가 나지 않는다면서 임금이 더 높은 탄광촌으로 가는 경우도 있었다고 한다.

하급직 관리자는 '누가 노조를 결성하려고 해서 해고했다.'는 얘기를 공공연하게 하였다. 하기야 처음 공장에 입사하기 위해 들어갈 때 경비직 노동자들이 가슴에 '불순세력 배격'이라는 리본을 달고 있어 한편 주눅이 들기도 했었다.

그렇게 동국제강을 거쳐 신평장림공단과 사상공단 등 약 5년간 현장에서 노동자들과 더불어 생활했다. 노동자들은 계급성을 본성으로 가지고 있지 않다는 것을 처음부터 알고 있었지만 자신들의 처지를 개선하고자 할 때도 개별적 방식으로 대처하고 있어 매우 안타까웠다.

다행히 1987년 노동자대투쟁 직후 노동조합이 만들어졌던 시기가 있었기 때문에 의외로 쉽게 노동자들을 조직하고 학습하고 소식지도 만들고 교육도 했다. 노조 활동을 통해 노동자들의 권리는 향상되어 가는 것 같았다.

그러나 봄은 잠깐이었다. 지역노조를 만들기 위해 작은 공장에 들어갔는데 얼마 되지 않아 해고 통보가 왔다. 정보기관에서는, 이전 사업장에서의 노조활동 경력 때문에 이미 신원조회가 된 것 같았다.

해고된 이후에는 노동자를 지원하는 상담소에서 노동자 권익 향상을 위해 일했고, 노동 상담을 통해 지역 노조들의 연대를 매개하기도 했다. 평생을 노동을 해야 생활할 수 있는 노동자들은 자신의 가족만이라도 잘 건사하는 것이 중요한 일이다. 반면 활동가들은 혁명을 꿈꾸면서 노동자들을 의식화하고 조직하려고 하니 그것이 쉽게 이루어질 수 없었다. 대중노선이 중요할 수밖에 없었다.

대중의 요구를 잘 이해하고 반영하는 것 또한 쉽지 않다. 요구는 제각각이기 십상이고, 지향도 다를 수 있기 때문이다. 그런데 활동가들이 자신의 이념을 관철하려고 하면 노동자들은 거부할 수밖에 없다. 그들과 생활에서 신뢰하지 못한다면 대중운동은 어렵다는 것이 5년간의 현장 활동에서 배운 교훈이다.

노동자들은 대부분 야당이 아닌 여당을 찍는 사람들이었다. 우리는 그들을 대상으로 의식화하고 조직화하려고 노력했던 것이 아니었던가. 그런데 진보정당의 일부 활동가들은 진보의 가치를 관철시키고 그것을 유지하는 것으로 만족하는 경우가 종종 있다.

운동은 깨어 있지 않는 대상을 깨우치는 과정이어야 확대가 되고 확산이 된다. 그래서 활동가라면 어떤 조건이든 어떤 직위이든 자신의 신념과 방향을 견지하면서 활동할 수 있어야 한다. 물론 일부 선배 활동가들은 자신의 신념을 배신하고 다른 길로 전향하기도 했지만…….

민주노총에서

1996년 자동차연맹 상근활동가 공채에 합격, 자동차연맹 부산조직부장으로 활동했다. 부산연맹은 별도의 사무실이 없었기 때문에 민주노총 부산본부 사무실에 책상 하나를 얻어서 필요한 업무를 보았다. 많은 시간, 현장을 방문하고 그들의 애로사항을 듣고 노사관계에 대해 조언하고 필요할 땐 홍보물도 만들어주고 교육도 실시하였다. 혼자였지만 현장을 방문하는 일은 늘 즐거웠다.

1996년 말, YS정부 들어 노동법과 안기부법이 날치기 통과되면서 민주노총은 총파업을 선언하였고 이는 약 2개월에 걸친 전국적 총파업으로 확산되었다.

총파업의 선두는 자동차노조였다. 농성 중이었던 민주노총 권영길 위원장은, 1996년 12월 26일 새벽 날치기 선언이 있자마자 총파업 선언을 발표하였고 그날 아침 출근하던 기아자동차 노조와 쌍용자동차 노조가 작업을 거부하고 명동성당으로 집결하는 뉴스 화면이 전국을 강타하면서 당일 오후에는 현대자동차 노조가 파업에 돌입하여 역사적인 1996년 총파업이 시작되었다.

자동차, 조선, 금속, 화물, 병원, 사무, 금융 등 업종을 망라하고 설마 하던 한국노총까지 가세한 2개월간의 총파업으로 노동법 개악과 안기부법 날치기 통과는 무효가 되었고, 노동운동, 특히 민주노총의 위상이 상당히 강화되었다. 이후 금속 3조직이 통합되어 금속산업연맹으로 재편되면서 부산양산본부 교육선전부장을 맡게 되었다.

금속산업연맹의 생활은 단조로웠다. 현장을 방문할 일도 많지 않았다. 3조직이 통합하여 유기적으로 결합하는 데도 많은 시간이 걸렸다. 그래도 활력이 있었다. 바로 '산별노조 건설'이라는 뚜렷한 목표가 있었기 때문이었다.

이와 동시에 '정치세력화'도 중요한 과제가 되었다. 산별노조 건설과 정치세력화가 노동운동의 양대 바퀴가 되어 한국 사회의 중요한 진보적 발전 동력이 될 것이라고 믿었다. 1996년에 창립한 민주노총은 총파업을 동력으로 산별조직화, 정치세력화라는 뚜렷한 목표를 가지고 있었기에 나름대로 희망이 있었다.

지역에서 주체적으로 노동운동을 하기 위해서는 산별노조의 지역조직보다는 총연맹의 지역본부에서 일하는 것이 바람직하다는 생각이 들어 민주노총 부산본부로 적을 옮겼다. 지역에서 본격적인 노동자 정치세력화와 지역노동운동을 하고 싶었기 때문이다.

민주노총에서는 정책과 연대, 그리고 정치활동을 주로 맡아서 했다. 노동운동의 사회적 영향력을 높이기 위해서는 지역사회와의 연대가 필수적이라고 생각했고, 지역의 다양한 인적 자원을 통한 정책 다양화와 활성화도 중요하다고 보았다. 아울러 민주노동당을 통해 노동자 정치세력화를 추진했다.

그러나 외환위기 이후 불어닥친 신자유주의 광풍에 노동운동은 효과적으로 대응하지 못하고 자본의 구조조정에 끌려 다니면서 점차 약화되어갔다. 민주정부라고 생각한 DJ정부는 그렇게 신자유주의의 전도사가 되었다.

산별노조의 위력도 처음엔 그럴듯했지만 갈수록 조직 이기주의가 심화되어갔다. 노동자 계급은 정규직과 비정규직으로 구분되었다. 민주노총의 대기업 노조는 자신들의 기득권을 지키는 데 급급했고, 운동은 전반적으로 하향화되었다. 조직은 창의성을 발휘하기보다는 공문에 의존하고 지침을 확인하고 실행하는 것으로 만족했다.

민주노총부산본부 활동을 하면서 사회적 영향력을 높이기 위해 노동절 마라톤 대회를 제안해서 개최하였고, 본부 소식지를 제작하여 가정으로 배달하기도 했다. 또 노동자생활협동조합도 제안하여 추진하였다.

반복되는 관성적 총파업 선언과 실행에서의 실패가 반복되면서 전통적인 노동운동은 쇠퇴하고 있었다. 국민의 정부와 참여정부를 거치면서 역설적이게도 노동운동은 점차 쇠약해지고 있었던 것이다.

그것은 시민운동도 마찬가지였다. 이른바 '시민 없는 시민운동'이라는 자조적인 표현이 나왔고, 그렇게 가장 민주적이자 가장 혁신적인 운동조직이어야 할 민주노총은 관료화되고 있었다. 그리고 민주적인 정부라고 할지라도 반드시 사회운동이 동반성장하지도 않는다는 냉혹한 현실도 분명히 깨달았다.

오히려 MB정권에 들어서 소고기 협상과 관련된 촛불시위가 전통적 운동조직이 아닌 일반 시민들로부터 확산되기 시작하면서 새로운 운동이 시작되었다. 그 시점에 나는 민주노총을 떠나 새로운 운동을 고민하기 시작했다.

교육청 생활

교육청에서는 3년 4개월간 근무했다. 직제가 담당제인지 팀장제인지 불분명했지만 정책관리담당 사무관으로 불리기도 했고, 정책관리팀장이라고도 불렸다. 교육청의 업무 분장과 기능이 팀제와 담당을 명확하게 구분하지 못하기 때문이라고 생각된다. 이전에는 '계장'이라고 했다고 한다. 결론적으로, 직제 명칭은 바뀌었지만 업무방식이 바뀌지 않았기 때문에 호칭 역시 혼재되어 있는 것이리라.

공약 관리 및 시민사회와의 소통, 그리고 교육격차 해소가 교육청에서 맡은 나의 주된 업무였다. 그러나 주어진 업무의 틀에 매이지 않고 나는 학교 혁신과 교육개혁을 이루기 위해 노력했다. 다행복학교(부산혁신학교) 추진위원으로서 다행복학교가 그 본질에 맞게 성장하고 나아갈 수 있도록 적극 관여하였다.

또 인수위원회 보고서에는 있으나, 교육청에 들어와서 없앴던 마을학교 공약에 대해 담당 인수위원들이 무척 안타까워했는데, 마침 학교정책팀 장학사의 제안으로 한국교육개발원 교육정책네트워크 교육현장지원연구사업에 공모하여 '지속가능한 마을교육공동체를 위한 학교와 마을 간 상호협력체제 구성 방안 연구'를 진행하게 되었다.

마을교육공동체 연구과정 워크숍에 참석하여 수도권의 마을교육공동체 활동가들을 만나보고 또 이후 진행된 연구결과를 보면서, 마을교육공동체를 통해 교육의 본질을 추구하는 혁신교육을 확산하고 다행복교육지구(부산혁신교육지구) 사업의 근간으로서 역할을 할 수 있도록 해야 한다는 데 확신을 갖게 되었다. 그래서 2016년 말부터 교육청을 그만둘 때까지 마을교육공동체 기반 조성에 주력하였다.

한 아이를 키우기 위해서는 온 마을이 필요하듯 학교와 마을, 교육청과 지자체, 교사와 학부모, 주민이 모두 협력하고 연대하는 교육생태계를 만들고자 하는 뜻 있는 많은 이들의 노력에 힘입어 마을교육공동체 사업은 1년 만에 상당한 진전을 보였다. 그 와중에 조례도 제정되었다. 결론부터 말하면, 교육청에서 가장 즐거웠던 사업은 마을사람들과 교육문제를 공유하면서 공동체를 만들어가는 것이었다.

그 외 대부분의 업무는 모두 공무원들을 대상으로 하는 것이었고, 시민사회와 공무원의 원활한 소통을 추진하는 사업의 경우 의미는 있었지만 생각만큼 쉽지는 않았다. 그만큼 관료사회와 일반 시민사회의 간극은 컸다.

물론, 시민사회단체 등에서 들어오는 제안사항이나 민원도 꽤 많았다. 그럴 수밖에 없는 것이, 지금까지는 기존 교육청 공무원들을 상대로 제안이나 민원을 넣으면 '예산이 없다, 관례가 아니다, 내 소관이 아니다' 등등 오만 가지 이유로 제안이나 민원을 제대로 받아들이거나 해결해주지 못했기 때문이다.

그런데 진보 교육감이 당선되자 그 기대감만큼 많은 제안들이 들어왔다. 하나하나 모두 절실히 필요한 사업들이었다. 그러나 기존의 교육체계를 그대로 두고 학생들에게 추가적으로 교육을 더 실시하거나 새로운 교육을 시작한다는 것은 무리였다. 입시 중심의 경쟁교육이 버티고 있고, 대다수 학부모들이 자녀들을 경쟁에서 이기게 하기 위해 사교육을 마다 않고 있는 판국에 학교에서 새로운 시도를 한다는 것은 근본적으로 한계가 있을 수밖에 없었다.

그렇다면 교육청에서 하는 사업들은 학교에 정말 필요한 사업들일까? 아니다. 장학사들조차 교육청의 많은 사업들이 학교를 괴롭히고 있다고 자조했다. 학교 현장에서는 제발 학교를 가만히 두라고 아우성이었다.

교육청에서는 불필요하거나 비효율적인 사업을 폐지 또는 개선하기 위해 정책정비사업을 추진했다. 그전부터도 해왔었던 일이다. 그러나 정책정비는 효과성이 없었다. 정책방향의 변화가 없는 정책정비는 곁가지치기 수준이었기 때문에 다시 유사사업으로 변화하여 학교에 시행되었다.

한 번은 교육청 간부들이 북유럽 교육 탐방을 하고 온 후 직원들을 모아놓고 보고회를 가진 적이 있었는데, 그 자리에서 한 간부가 '북유럽에서는 장학사가 학교에 가는 일이 거의 없다.'며 부러워했다. 그러면서도 교육청에서는 별다른 변화 없이 장학을 실시하고 있다.

다시 말하면, 학교와 교육은 '아이들'을 중심에 두고 있지 않다. 아이들은 대상이 될 뿐이었다. 수요자인 학생과 학부모를 위한 교육이 아니라 공급자인 교육청 공무원들과 학교 관리자, 교사를 위한 교육현장이 있을 뿐이었다. 물론 교육행정직이나 전문직 공무원들 개개인이 다 그렇다고 단정할 수는 없다. 그들은 나름대로 우수한 역량을 지닌 공무원이다. 문제는 국가교육체계가 획일적이고, 입시 위주의 교육을 실시하고 있기 때문에 근본적인 한계를 가질 수밖에 없다는 것이다.

교육청에서 근무하면서 가장 아쉬운 것은, 내 업무가 아니었기 때문에 할 수는 없었지만 솔빛학교 이전 문제였다. 실제 학교에 가서 학교장과 교감 선생님의 얘기를 듣고는 이전이 불가피하다는 생각이 들었다. 수년 동안 청원이 있었다고 하는데 여전히 대안이 없다. 민원이 무섭고 마땅한 부지가 없고 예산이 어떻고 등등 여러 가지 이유는 다 있다. 그러나 진정 아이들을 위한, 아이들을 중심에 두는 교육이라면 그렇게 방치해서는 안 될 것이다.

교육청을 그만두는 시점에 동료들에게 그동안 양지에서 잘 살았으니 이제 다시 원래 있던 곳으로 돌아가겠다고 했다. 물론 '그곳'은 생계가 담보되지 않고, 경제적으로도 사회적으로도 불안정한 곳이다. 사람들은 평안함과 안정됨을 버리고 떠나는 나를 잘 이해하지 못하는 것 같았다.

편안하게 살고자 했다면 처음부터 운동에 몸담지 않았을 것이다. 그렇다고 굶주리고 추운 생활을 하지는 않았다. 가장으로서 나름대로 책임감을 가지고 생활과 운동을 병행해왔고, 이후에도 그렇게 할 수 있다는 자신이 있었다.

다시 원래의 위치로 돌아가서 일할 수 있는 분위기를 만들어야 한다고 굳게 믿는다. 장학사나 장학관도 때가 되면 다시 평교사로, 교장을 하고 난 다음에도 다시 평교사로 돌아가는 수평적 인사체계가 될 때 학교 역시 민주화가 될 수 있으리라는 생각을 잠깐 해본다.

진보정당에 대한 생각

진보정당을 택했지만 앞길은 구만리다.

현재의 진보정치를 진단하자면, 역사상 최악의 상태가 지속되고 있다고 해도 과언이 아닐 것이다. 이미 지난 20년간 진보정당이 내세운 슬로건과 정책은 민주당을 비롯한 보수정당들이 다 휩쓸어 갔다. 누구는 진보정책들을 완판했다고도 한다.

이제 정의당의 구호나 슬로건은 그다지 새롭게 들리지 않는다. 민주당을 진보로 분류한 매체도 상당히 많다.

그동안 부산은 1990년 이른바 3당 야합을 통해 탄생한 민자당부터 시작하여 한나라당과 새누리당, 이제 자유한국당까지 오로지 수구보수정치세력에 의해 지배되어왔다. 수구보수정치의 지배는 근원이 깊다. 일제 식민통치기의 친일부역자들에 의해 형성된 수구보수세력이 해방 후 청산되지 않았고, 그들이 다시 이 사회의 지배세력이 되었다.

한국전쟁은 어떻게 평가를 하더라도 '빨갱이'라는 적대시되는 대상을 만들었고, 이는 지속적으로 진보진영의 무덤이 되었다. 남한은 반공국가로 거듭날 수밖에 없었다. 그리고 그 반공주의는 지금도 여전히 촛불시위를 반대하고 박근혜 석방을 외치고 미국만세를 부르고 있는 수구보수세력 속에서 맹위를 떨

치고 있다.

그럼에도 불구하고 한국의 진보세력은 민주화운동을 주도하였고, 중요한 역사적 고비마다 독재세력을 몰아내는 원동력이 되었다. 4월 혁명과 부마항쟁, 광주민주화운동을 통해 운동은 계속 발전해왔다. 그러나 정치권력은 여전히 보수세력의 손아귀 속에 있었기 때문에 가장 기본적인 사회 개혁도 요원하였다.

아울러 민주진보세력도 정치적 플랜에서는 미숙하였다. 정치적 지도를 발휘할 만하면 반공 이데올로기에 의해 끊임없이 탄압의 대상이 되었기 때문에 사실상 정치력을 발휘할 기회도, 정치적 성장의 기회도 없었다.

1987년 6월 항쟁도 전두환 군사독재에 맞선 시민항쟁이었다. 그러나 6월 항쟁은, 좀 더 나아가 민주헌법 쟁취와 직선제라는 정치권력 선출 방법에 대한 의제가 명확했기 때문에 이전의 항쟁과는 다른 측면이 있었다. 그리고 연이어 터져 나온 노동자 대투쟁은 새로운 사회체제를 뒷받침하는 힘이 되었다.

민주주의와 민중생존권은 그렇게 87년 체제를 만드는 동력이 되었다. 노동자 대투쟁을 통해 노동자들의 조직화가 이루어졌고, 민주노조운동이 활성화되었다. 또 한편에서는 6월 항쟁을 경험한 주체들이 새롭게 시민운동이라는 운동영역을 개척해냈다. 노동운동과 시민운동의 활성화를 뒷받침해줄 수 있던 것은 80년대 후반의 3저 호황도 중요한 배경이 되었다.

이러한 상황에서 1990년, 노동운동은 전노협을 건설했다.

그러나 같은 날 보수진영은 이른바 3당 야합을 통해 새로이 전열을 정비하고 노동운동에 대한 대대적인 탄압에 들어갔다. 노동운동의 활성화에 따라 또 다른 한편에서는 민중당을 창당시켰다.

그동안 한국사회에서는 반공 이데올로기에 따라 진보정당의 창당은 적극적으로 고려되지 않았고 민주대연합과 같은 전선운동이 주를 이루었다. 민주대연합 전술은, 진보진영의 독자적인 정치세력화보다는 보수정당이지만 상대적으로 진보성과 민주성을 보유하고 있는 민주당을 강화하는 방향으로 귀결되었다. 그 결과 민중당은 해체되었다. 독자적인 진보정당운동은 그 후에도 꾸준히 지속되었지만 사회운동의 중심세력과는 거리가 있었다.

한국에서 진보정당이 본격적으로 거론되기 시작한 것은 민주노총이 창립되고 난 이후이며, 1998년 대통령 선거를 앞두고 노동자 정치세력화가 추진되었다. '국민승리 21'로 대통령 선거를 치른 결과는 참혹하였지만, 60여만 명의 민주노총이라는 대중조직에 기반하고 있었기 때문에 진보진영은 이에 좌절하지 않고 2000년 민주노동당을 창당하였다.

2004년 총선에서 민주노동당은 특유의 진보적 의제를 들고 나와 10개의 의석을 확보하였다. 이로써 진보정치가 활성화되고 한국에서도 진보정당이 뿌리를 내릴 수 있을 것이라는 희망을 보았다. 그러나 민주노동당은 민생보다는 자신들의 이념을 실현시키는 데 더 방점을 두고 당을 운영한 결과 민심을 이반

하는 결과를 가져왔다. 그로 인한 내부 갈등은 결국 2008년 분당이라는 극단적인 형태로 나타났고, 이를 계기로 진보정당은 계속해서 통합과 분열을 거듭하여 현재에 이르고 있다.

한국의 사회운동은 노동운동을 비롯해 학생운동, 시민운동, 농민운동 등이 1987년 이후 90년대에 가장 활성화되었다. 그러나 진보정당은 그 시기 비주류에 의해 주도되었고, 대중조직에 기반한 진보정당은 2000년대가 되어서야 태동하게 되었다.

이러한 시기적 불일치야말로 진보정당운동의 험난한 여정을 예고한 것이라고 생각된다. 즉, 신자유주의가 확대되고 사회운동에 대한 피로도가 점차 쌓이면서 노동운동과 학생운동, 그리고 농민운동, 시민운동이 쇠퇴하기 시작하는 시점에 진보정당이 창당되었던 것이다.

또한 1990년 3당 야합은 부산정치의 지형을 완전히 바꾸어 놓았다. 전통 야도(野都)였던 부산이 3당 야합을 통해 골수 여권지역으로 바뀌게 된 것이다. 보수수구세력이 된 여당은 광역단체장을 비롯하여 기초단체장과 광역의회, 기초의회를 근 30여 년간 장악하면서 부산은 수구보수정당의 부속물로 전락하는 신세가 되고 말았다. 따라서 부산에서도 당면한 과제는 수구보수정당의 지배를 벗어나는 것이고, 이것은 민주당 중심으로 세력이 재편되는 결과를 가져오게 되었다.

2014년 지방선거에서는 부산시민들도 어느 정도는 수구보수세력의 일당지배체제에 염증을 느끼고, 한나라당이라고 무조건 찍지는 않는 경향이 나타나기 시작했다. 그 단초는 기초 의회에서부터 나타났다.

과거에는 한나라당 깃발만 꼽으면 2인선거구에 한나라당 후보가 2명 모두 당선되는 등 '묻지 마 지지'가 있었다면, 2010년 야권연대를 통해 변화와 개혁을 추구한 데 힘입어 2014년에는 158명의 기초의원 중에 새누리당이 92명, 새정치민주연합이 58명 당선되었다.

그러나 이제 정치권에서 야권연대의 정신은 사라졌다. 진보정당의 경우, 통합진보당에서 단 1명만 당선됨으로써 민주당 중심으로 야권의 힘이 모이게 되었고 그 결과 부산의 진보정치는 어려운 환경에서 고군분투할 수밖에 없었다. 물론 통진당 해산 사태를 불러온 진보정당의 분열과 부패가 진보정당의 도덕성과 신뢰를 무너뜨리는 데 결정적인 역할을 하였고 이는 진보정당을 위기에 놓이게 하는 큰 원인이 되었다.

이명박 정권에 이어 박근혜 정권을 거치면서 시민들의 삶은 최악의 상태로 치달았다. 청년들은 취업난에 시달리고, 결혼 적령기에도 취업난과 육아비용 등으로 결혼과 출산을 기피하면서 1인 가구가 늘어났다. 또한 고령화가 급격히 진행되면서 사회 전반적으로 위기 상황에 놓이게 되었다. 그야말로 한국사회는 헬조선이라 할 만했다.

그런 와중에 터진 최순실·박근혜의 국정농단 사태는 시민들의 분노에 불을 붙였다. 전국에서 촛불시위가 터져 나왔다. 연인원 1,700만 명이 참가한 촛불시위는 거대한 평화혁명이었다. 이는 오랫동안 축적된 시민항쟁의 결정판이기도 했다. 폭력적 방법으로는 거대한 폭력으로 무장한 국가권력을 극복하기 어렵다는 것을 시민들이 더 잘 알고 있었던 것이다.

거대한 비폭력 평화시위를 통해 박근혜는 탄핵되었다. 촛불시민혁명의 핵심은 '시민주권'의 실현이었다고 해도 과언이 아니었다. 박근혜를 탄핵한 국민은 새로이 문재인 대통령을 선출했고 이제 적폐를 청산해야 한다는 시대적 과제가 제기되었다.

오랫동안 우리사회에 쌓여 있는 적폐는 한두 가지가 아니었다. 이른바 '갑질'이라는 반인권적 행태는 우리의 일상에서도 무수히 많이 나타나고 있다. 나는 이 대목에서 문재인 대통령이 매우 잘하고 있다고 생각한다. 그러나 정권의 핵심인 민주당이 얼마나 지속적으로 끈질기게 적폐 청산에 매달릴 것인가에 대해서는 여전히 의문이다. 사회개혁은 이제 시작이라 해도 과언이 아니다. 그런데 벌써부터 적폐청산에 대한 피로감을 이야기한다.

현재 많은 사람들이 민주당과 진보정당이 무슨 차이가 있느냐고 묻는다. 외부에서 볼 때 정책이나 공약에서 그리고 실천에서도 크게 차이가 나지 않는다고도 한다. 특히 정의당의 경우에는 더 그렇게 얘기한다.

정당 활동을 아직 제대로 해보지 않은 입장에서 무어라 마땅한 말이 떠오르진 않지만, 분명한 것은 민주주의가 확대되기 위해서는 민주당만으로는 어렵다는 것이다. 진보정당이 살아 있을 때 민주주의가 제대로 작동될 것이라고 생각한다.

민주당도 거대정당으로서 기득권 세력에 포함된다. 그동안은 야당이었지만 이제는 여당의 프리미엄으로 급속히 기득권으로 흡수될 것이라고 본다. 진보정당의 가치는 여전히 소수자와 피억압자, 소외계층에 대한 애정과 관심을 가지고 그들과 함께하려고 하는 사람들이 많다는 것이다. 해바라기처럼 권력만 추구하던 인물들이 상당수 새로운 권력을 찾아서 민주당으로 이동하고 있는 것만 보아도 진보정당의 존재가 얼마나 필요한가를 역설적으로 보여주는 것이라고 생각한다.

촛불항쟁 이후 나는 민주주의가 확대되고 민생이 보장되기 위해서는 진보정당이 살아야 하고, 진보정당이 의회에 진출하고 진보정당이 단체장을 배출해서 새로운 혁신 모델을 끊임없이 추구해야 한다고 생각해왔다.

물론 민주당에도 훌륭한 혁신가들이 많다. 그들도 '당연히' 중요한 역할을 한다. 그러나 민주당만으로는 부족하다. 민주당만 있어서는 민주당 내 혁신세력조차도 무기력해질 것이라고 생각한다. 민주당의 왼쪽에서 진보정당이 자기 존재감을 가질 때 민주당도 비로소 자기 역할을 더 잘 할 수 있을 것이다. 때로는 민주당이 진보정당과 연정을 해야 할 때도 있어야 하며, 그리고 진보정당이 성장하여 집권도 하는 것이 민주주의의 진보다.

떡이 조금 커질 만하면 서로 달려드는 과거의 진보세력이 아니라 파이를 점점 키워갈 줄 아는 진보정당이 되어야 비로소 진보정당으로서 의미가 있을 것이다. 그런 점에서 진보정당 내에서의 끝없는 성찰과 반성도 혁신과 함께 항상적으로 일어나야 한다.

2부

시민사회와 노동

부산의 시민운동을 돌아보며

시민운동과 시민단체

한국에서 시민운동의 역사는 얼마 되지 않는다. 본격적인 시민운동은 1987년 항쟁을 거치면서 90년대에 들어와 활성화되기 시작하였으니 이제 20년 남짓 되는 역사를 가지고 있다고 해도 과언이 아니다.

부산에서는 부산참여연대가 그중 오래된 시민단체로서, 1991년에 설립되었으니 올해로 22년째가 된다. 참여연대 소속의 전국 단체 중에서 가장 오래되었다고 할 정도이다. 그리고 많은 사람들이 시민운동을 얘기하고 있지만 정작 시민운동의 영역과 활동범위, 운동방식과 지향 등 체계적이고 정형화된 이론은 취약하다. 나름대로 정리된 문건이나 자료는 있으되, 이를 받아들이는 시민들은 그야말로 다양하게 해석하고 나름대로 이해하고 있기 때문이다.

지금도 일반시민들은 시민단체 사무실로 전화하거나 방문하여 시민단체로서 취급하기 곤란한 사항까지 주문하기도 한다. 시민단체가 이런 것도 하지 않느냐고 하면서 말이다.

예를 들면, 우리가 보기에는 분명히 이해당사자에 해당되는데도 공익을 위한 것이라면서 정보공개를 요청하는 경우가 있는데, '정보공개'라는 것은 누구라도 할 수 있는 것이라고 설명해도 시민단체가 해야 권위가 있다고 하면서 막무가내로 요구하는 경우가 있다. 물론 정중히 거절하지만 그런 경우에는 항의를 받기도 한다.

실제로 서울의 유명 시민단체들은 상근자의 수가 수십 명씩 되는 경우도 있다고 하지만, 지역 시민단체들의 사정은 그렇지 못하다. 4~5명의 상근자가 있으면 큰 단체에 속하는 수준이다. 그런 수준에서 수백, 수천 명의 공무원이 일하는 자치단체의 사안을 제대로 감시하고 견제하는 것은 한마디로 역부족이다.

광역시의 경우 광역시와 구·군청, 그리고 자치단체 산하의 공공기관들, 심지어 민간자본이 하는 각종 위탁사업과 개발사업, 민영화되었다고 하지만 여전히 공공의 영역으로 분류되는 에너지, 교통, 의료, 교육, 환경, 물가, 노동 등 시민들의 생활과 밀접히 연관된 분야라면 모두가 시민단체들의 감시활동과 대안활동에 모두 포함되고 있기 때문에 사실상 시민운동을 주도하는 시민단체가 너무 부족한 실정이고 사업 또한 협소하다고 볼 수 있다. 물론 다양한 시민단체가 존재하고 있고, 그 성격이나 활동을 보면 너무 다양하기 때문에 시민단체의 범위를 어떻게 구분해야 할지에 대해서도 명확하게 정리하지 못하고 있다.

또한 시민운동은 연대를 지향하고 있으므로 시민운동연대나 부산민중연대, 여성단체연합, 시민단체협의회, 여성단체협의회, 여성NGO연합회 등 다양한 연대조직들이 있다. 그러나 각각의 성격이 다를 뿐만 아니라 지향하는 내용에도 많은 차이가 있다. 그러다 보니 제대로 된 시민단체를 어떻게 구분할 것인가가 중요한 문제가 된다.

시민운동단체로서 인정할 수 있는 가장 기본적 구분은 다음과 같다.

첫째는 단체의 자립성이다. 시민단체가 스스로 자립하지 못하면 결국에는 정부나 자치단체에 의존하게 된다. 그렇게 되면 시민단체가 가지는 고유의 감시와 견제기능은 사라지고, 사실상의 관변단체로 전락될 수 있다.

둘째는 자치단체와의 관계설정이다. 시민단체는 비판과 감시만이 아니라 나름대로 대안을 가지기를 원한다. 또한 지방정부도 시민단체와 거버넌스를 요구하게 된다. 시민들의 참여야말로 민주주의의 가장 바람직한 형태이기도 하고, 시민이 지방자치의 주체가 되어야 함은 너무도 당연하니 여기서는 별도로 언급하지 않겠다.

이 과정에서 올바른 지방정부라면 당연히 시민들을 중심에 세우기 위해 노력하겠지만, 그렇지 않은 경우에는 시민단체를 들러리로 하는 거버넌스를 추구하게 된다. 여기서 시민단체들이 나름대로 지방정부가 점진적으로 거버넌스 체계를 갖출 수 있도록 하는 것이 중요하다는 논리를 펴기도 하면서 지방정부로부터 프로젝트를 받기도 한다.

물론 사업에 따라 시민단체가 수행하면 보다 객관적인 결과를 얻을 수 있기 때문에 위탁할 수도 있다. 그러나 그렇게 프로

젝트를 수행하는 과정에서 그 비용으로 상근자를 늘리는 경우
도 종종 있는데, 그런 방식으로 외형을 키우다 보면 결국에는
스스로 자기 발목을 잡게 되어 시민단체의 기능이 약화된다.

셋째, 의제 선정의 문제이다. 시민단체는 일반적으로 풀뿌리
운동과 지역운동에 천착하는 경우가 많다. 그러나 꼭 그렇게
한정하는 것은 잘못이다.

물론 시민의 생활에 기반한 운동을 하는 것이므로 풀뿌리
운동이 기본이 되어야 하고, 지역주민과 함께하므로 지역의 의
제를 많이 다루는 것이 현실이다. 그러나 그렇기 때문에 주요
한 정치문제에 무관심하거나 시민운동의 영역이 아니라고 하
면 나무만 보고 숲을 보지 못하게 되는 꼴이 된다.

실제로 한때는 부산시민운동연대가 민주노총의 비정규직
문제 관련 연대 요청에 어렵다고 거절한 적도 있었다. 그러나
2008년 촛불운동과 그 후의 한진중공업 희망버스 등은 시민들
이 자발적으로 나서서 만들어내면서 시민운동의 의제가 확산
되었던 것이다.

부산의 시민단체 활동

부산에서 시민운동을 한다는 것은 참 힘든 일이다. 다른 지
역도 큰 차이는 나지 않겠지만 1991년 3당 합당 이후 민자당-
신한국당-한나라당-새누리당으로 일관되게 지방정부를 집권
해온 여당은 정치권 내에서 균형과 견제장치를 잃어버리고 일
당독점의 정치구도를 만들어왔다.

야당인 민주당이나 진보정당은 거의 존재감이 없다고 해도 과언이 아니었고, 지역 현안에 대한 견제와 감시는 거의 시민사회단체의 몫이 되다시피 하였기 때문에 새로운 운동방향이나 대안에 대한 모색을 할 겨를과 여유가 없었다.

또 보수주의 정당이 지배하는 지자체와의 거버넌스도 결국 각종 위원회의 들러리 역할을 하거나 지자체로부터 받는 프로젝트에 의존하게 되는 경우가 많았다. 지방정부가 권위적일수록 시민단체가 비판적이어야 하지만 부산의 시민단체는 그렇지 못했다.

2008년 이후 부산참여연대에서 내부 개혁이 촉발되었는데, 핵심은 지방정부로부터의 프로젝트 단절 및 견제와 비판기능을 강화하는 방향이었다. 그리고 집행부의 변화도 함께 이루어졌는데, 그 과정에서 회원들의 3분의 1 정도가 탈퇴하였다.

이는 회원의 다수가 유연한 거버넌스를 선호하고 비판적 시민운동에 대한 거부감이 있었다는 것을 알 수 있는 대목이다. 물론 더 많은 회원이 시민단체로서 올바른 활동을 기대하였기 때문에 개혁을 이룰 수 있었다고 본다. 이후 부산참여연대는 부산의 대표적인 시민단체이지만 암암리에 지방정부로부터 중요한 위원회에서 배제되기도 하는 등 보이지 않는 차별을 받기도 한다.

이런 조건 속에서 시민단체는 관성화된 상태에서 시민운동을 할 것인지, 좀 더 적극적인 실험을 할 것인지 기로에 서게 되는데, 그 계기가 된 것이 2008년의 촛불 시민운동이다.

그리고 2010년 지방선거를 앞두고 2009년부터 부산참여연대를 중심으로 몇몇 시민사회단체와 촛불운동에 결합한 네티즌 단체, 그리고 개인들이 나서서 야권 단일후보 운동을 준비해온 "부산을 바꾸는 시민네트워크"를 결성, 지방정치를 바꾸기 위한 야권연대와 후보단일화를 통해 일당독점의 지방정치를 바꾸는 운동을 전개하게 되면서 기존의 관성적 시민사회운동에서 한발 앞서는 활동을 전개하게 된다.

2010년 지방선거의 성과는 이후 부산지역 정치의 변화 가능성을 열어놓았다고 할 수 있을 만한 평가를 받았다. 이는 2012년 총선과 대선으로 이어졌고, 2014년 지방선거를 앞두고 보다 본격적인 시민정치운동으로 발전하는 과정에 있다.

'시민 없는 시민운동'에 대한 단상

'시민 없는 시민운동'은, 국민의 정부와 참여정부 시절을 거치면서 시민단체의 위상이 높아지고 영향력은 커지는 데 반해 시민 참여의 운동보다는 언론 플레이를 통한 사무처 중심의 운동이 확대되는 현상에 대한 비판이라고 볼 수 있다.

실제 시민운동에서는 시민들이 주체적으로 나서고 시민의 눈높이에서 진행되어야 하지만, 반드시 동원역량만 가리키는 것은 아닐 수 있다. 생활에 바쁜 시민들이 자신들의 문제를 들고 거리로 나서거나 운동의 주체가 되는 것은 일상적으로는 쉽지 않기 때문이다. 그렇다고 시민단체가 회원들의 이해와 요구에 따라 움직이는 조합조직도 아니기 때문에 회원 동원식의 운동도 맞지 않는다.

따라서 시민운동은 시민의 요구를 올바르게 수렴하고 시민의 보편적 이해에 맞는 공공성에 기반한 활동이 되어야 한다. 사무처 중심보다는 회원과 전문가와 활동가들이 제대로 결합해 시민 의제를 설정하고 감시·견제 기능을 강화하며 대안을 만드는 운동을 해야 한다고 본다.

따라서 기존의 관성적인 사무처 중심 운동에서 탈피하여 각종 위원회의 사업영역을 확대하고, 풀뿌리 지역모임을 강화하여 지역사회에서의 시민운동을 만들어내는 것이 중요하다는 점에서 조직과 사업을 설계하여야 한다.

시민운동에 논쟁이 없다

시민사회운동의 환경은 노동운동보다 열악하다고 할 수 있다. 대부분 단체 상근자들의 활동비(임금이라고 하기에는 너무 작아서)는 100만 원대에 불과해 최저임금 수준에서 벗어나지 못하고 있다. 민주노총을 비롯한 노동조합 상근 활동가들의 임금수준에 훨씬 못 미치고 있는 셈입니다.

고생은 많고 장래 비전은 취약하고 특히 부산과 같은 일당독점 정치가 장악된 곳은 그런 점에서 더욱 어렵기도 하다. 그러다 보니 시민단체 활동가들의 활동을 검증하기 어려운 문제가 발생하고 있다.

시민단체는 시민들의 요구와 눈높이에 맞게 활동하려다 보니 효율성과 공공성 사이에서 서로 다른 견해를 가지는 경우도 있다. 예를 들면, 이명박 정권의 행정구역 개편과 관련하여 시·군·구 통합에 대해 시민단체 간에 다른 입장이 발표되자 지역의 한 언론에서는 행정구역 개편문제보다도 시민단체 간 다른 견해를 제목으로 뽑아서 기사를 낸 경우도 있었다.

그리고 부산지하철 안전과 관련하여 어떤 시민단체는 부산교통공사 측에 안전대책위원회 구성을 촉구하는가 하면, 어떤 시민단체는 위원회 구성의 객관성을 담보하기 위해 노사 간 공동추천이 우선되어야 한다는 이유로 참가하지 않은 경우도 있었다. 이렇듯 시민단체 간에도 사안별로 보면 견해의 차이가 많은 경우도 당연히 존재한다.

그러나 운동방향과 세부적 방법을 둘러싼 공개적인 논쟁은 잘 이루어지지 않고 있어, 각 사안에 대해 치밀하게 대응하지 못하는 한계도 존재한다. 가덕도 신공항에 관한 문제나 과거 삼성자동차 유치 등과 관련해서는 견해 차이가 많을뿐더러, 민감한 부분에서는 시민단체도 언급을 하지 않는 경우가 있다.

이렇게 시민운동에 대한 검증이 진행되지 않을 경우에는 시민단체에 대한 지자체 등의 선택적 활용이 가능하게 되고 결국에는 시민운동의 분열과 위상 약화로 귀결될 수밖에 없게 된다.

언론에 바라는 것은…

시민운동은 생각보다 취약할 수밖에 없는 구조적 한계를 가지고 있다. 1천 명도 안 되는 회원들의 회비는 10년 전이나 지금이나 1만 원에 머물고 있고, 회원 수 역시 정체현상을 보이고 있다. 열악한 재정과 회원 수의 정체에 비해 시민사회의 역할은 점차 증대되고 요구도 많아지고 있다.

시민사회단체가 지향하는 방향과 올바른 언론이 지향하는 방향은 아마도 대동소이할 것이다. 그리고 언론도 그렇듯이 시민단체도 잘못된 방향으로 운동이 진행될 경우 그 피해는 더욱 커질 수밖에 없다는 점도 비슷할 것이다.

그런데도 시민단체와 언론은 불가원불가근(不可近不可遠)의 관계라고 생각하는 경향이 많다. 그러나 그런 판단 역시 하나의 이데올로기일지도 모른다.

나는 시민단체가 올바른 시민운동을 할 수 있도록 언론도 노력해야 한다고 생각한다. 또한 언론이 정론직필(正論直筆)할 수 있도록 시민단체도 노력해야 한다고 본다. 그런 측면에서 시민단체와 언론은 협력적 관계여야 한다. 물론 비판과 견제도 당연히 따를 수밖에 없다.

올바른 관계 설정을 위해서는 거리를 두는 것이 아니라 항상 토론이 병행되어야 한다. 언론운동의 방향과 시민운동의 방향이 언제나 절대적일 수는 없으므로 발전적인 토론을 전개하며 함께 나아가기를 기대한다.

시민사회의 재생과 어소시에이션

대안이론에서 일반이론으로

신자유주의는 자본주의의 한 단계일 뿐 새로운 변신은 언제 든지 가능하다. 케인즈주의가 주류로 편입되는 과정은 일반론으로서 자리를 잡았기 때문이고 이제 이것은 경제의 상식이 되었다. 사회적 경제 영역 또한 자본주의의 근본적 대안이 될 것인지, 새로운 자본주의의 한 단계가 될지 현재로서는 예측하기 어렵다.

이른바 기업의 사회적 책무나 사회공헌은 이제 기업이 마냥 이윤 극대화만을 노골적으로 드러내지 않고 사회성을 가지기 시작했다는 하나의 표현이다. 비록 빙산의 일각에 지나지 않지만…….

신고전파 경제학과 케인지언 간의 세기의 대결은 언제나 경제 변동 시기와 맞닿아 있다. 그런 면에서 사회적 경제영역 또한 그런 시점에 도달해 있다. 이미 신자유주의는 그 생명을 다하고 있는 시점이라는 점이다. 이 시기에 다시 케인지언인가 사회적 경제인가가 선택의 기로일 것이다. 사실 케인지언은 이미 신자유주의 속에서도 광범위하게 자기 역할을 해왔다. 주류 경제학에 편입되었기 때문이다. 반면 사회적 경제는 아직 일반

이론을 갖추지 못하고 있고, 사람들 사이에 상식이 되지 못하고 있는 실험적 단계라는 점에 위기의 본질이 있다.

유럽식 협동조합이 의미를 가지는 것은 아직 주류가 되고 있지는 않은 것처럼 보이나 유럽의 많은 지역에서 사회적 경제나 협동조합이 상식화되고 있다는 점에 있다. 스페인 몬드라곤이나 이탈리아의 볼로냐, 스위스 등에서 이루어지고 있는 협동조합의 일반화는 새로운 사회의 동력이 될 가능성을 내포한다.

공동체의 발전

주류경제학에서 말하는 경제의 3주체는 가계, 기업, 정부이다. 그러나 사회적 경제에서 가계는 시민사회로 대체된다. 자본주의에서 가계는 이기적이고 합리적 존재로서 정립되므로 가장 기본적인 경제단위인 가계가 경제의 주체가 되고, 이것은 개인주의의 기초가 될 수 있다. 그럼으로써 모든 개인은 협력과 동시에 경쟁관계인 것이다.

사회적 경제에서 말하는 시민사회는 하나의 공동체이다. 이 공동체는 경제적 단위일 수도 있겠지만 생활 단위로 보는 것이 타당할 것이다. 공동체 생활단위는 반드시 지리적 거리만을 의미하지는 않지만 소통과 논의가 가능한 단위이자 가장 기본적 · 경제적 자원의 자급자족적 기능이 유지될 수 있는 단위라고 생각된다.

이 가계가 시민사회로 발전하기 위해서는 경제가 사회 전체를 규정할 수 없듯이 마냥 설정만 한다고 되는 것은 아니다. 시민사회는 일정한 공동체적 기능을 갖추는 것을 전제로 형성될 수 있다. 모든 개인이 자신의 이익을 위해 최선을 다하면 가장 최적의 분배가 될 것이라는 것은 아담 스미스 시대의 화두였듯이 오늘날 최적의 분배는 어떤 방식으로 이루어질 것인가에 대한 담론이 형성되어야 하며, 그러한 의식의 바탕 없이는 공동체의 형성은 지속성을 가지기 어렵다고 본다.

허스트의 '어소시에이티브 데모크라시'가 참가형 복지만이 아닌 참가형 지역경제 조정을 포함한 포괄적인 구상이라면 역시 어소시에티브 데모크라시의 구체적 조건에 대해 논의하지 않으면 안 될 것이다.

또한 앙드레 고르의 공동협력 자율생산 또한 필요와 욕망에 따라 생산과 소비가 이루어져야 한다는 점에서 교환가치보다 사용가치 중심의 생산 프로젝트를 주장하고 있지만 현재 저성장경제를 대변하는 데는 한계를 보이는 것이 아닌가 싶다. 즉 현실적 대안으로 받아들이는 사회 시스템에 대한 소개가 필요한 것이다.

현대 어소시에이션론의 유형

어소시에이션이 이행양식으로서의 틀을 갖추는 것은 이론의 일반화 과정에서 필수적일 것이다. 이 과정은 더 정교해져야 할 것이며, 이 이행양식이라는 틀을 갖추기 위한 보다 분명한 목적의식이 뒷받침되어야 할 것이라고 본다.

권력사회 유형에서의 개인과 상품교환사회 유형에서의 개

인은 맑스주의 이행론적 관점에서 볼 때 분명히 다른 개인으로 설계되어 있고, 일반화되어 있다. 여기서 인간 그 자체로서라 기보다는 권력자나 전체사회와의 관계 중심으로 논의의 중심이 모아지고 있기 때문에 인간 그 자체에 대한 규정은 부족하다는 것을 느끼게 된다. 인간의 존재 상태에 대한 관점이 더욱 활발하게 논의되는 것이 필요하다.

어소시에이션에서 개인은 목적 존재라고 밝혀지고 있고 상호개방적인 관계성으로 구축될 수 있는 공동성으로 설명된다. 비로소 개인이 중심이 되는 형상을 그리고 있는 것이다. 확실히 사회의 이행에 따라 개인 존재가치가 달라질 것이라는 점은 충분히 예측할 수 있지만, 변화의 동력에 대해서는 별도의 설명이 필요하지 않을까 생각된다. 즉 이행은 어떻게 가능한가, 이행의 조건이 충족되지 않으면 이행되지 않을 것이 아닌가라는 의문이다.

시민사회의 어소시에이션 수준

이 대목이 현재 민주시민교육 기획활동의 기조가 되어야 할 대목이며 동시에 지역 시민사회에 대한 충분한 진단이 이루어져야 할 것이다. 지역 내 다수의 시민들에게 어떤 삶의 담론을 만들 수 있는가의 문제이기도 하고, 지역 내 시민교육의 방향을 어떻게 형성해갈 것인가에 대한 고민도 심화되어야 한다.

시민단체의 사회성 수준을 평가하는 것도 중요한 과제다.

자본주의라는 사회적 토대 위에서 대안의 제시 없이는 입시 경쟁과 취업전쟁은 끊이질 않게 되고 따라서 그것은 신자유주의 의식을 반복적으로 생산하는 기제가 된다. 신자유주의의 극복은 끊임없는 교육과 실천을 통해 새로운 의제를 만듦으로써 가능하다고 전제한다면, 어소시에이션의 일반적 실천방향에 대해 구체화하지 않으면 어려울 것이다.

시민단체는 시민으로부터 이탈되어 그 자체로서 만족감을 누리든지, 생활협동조합은 자신들만의 생산과 소비를 반복하는데 그치고 있거나, 정치조직들은 주로 정치권력, 집권을 중심으로 사고하고 있는 관계로 근원에서부터 연대하거나 협력하기 어려운 상황에 부딪히고 있는 것처럼 보인다.

결국 다양한 운동을 하나의 방향으로 모으는 것은 새로운 사회이론의 일반화 작업과 동시에 무수히 만들어질 의제를 공유하면서 다양한 운동을 보이지 않는 연대의 끈으로 묶어 나가는 공감과 소통에 근거하는 것이 맞겠다.

민주시민교육원의 교육방향 또한 그곳에 천착해 보다 진취적이면서도 다양한 수준에서 능동적인 교육활동이 진행되어야 할 것이다.

지역 고용정책의 방향에 대한 검토

부산광역시를 중심으로

부산시 일자리 창출 전략에 대한 검토*

부산지역 제조업의 경우 중소 영세업체가 절대다수를 차지함에 따라 열악한 임금구조 및 근로조건으로 인한 미스매치 현상이 일어나고 있으며, 부산지역의 산업구조상 80% 이상을 차지하는 서비스업 역시 음식, 숙박, 도소매업 등 저부가가치 직종의 비중이 절대적으로 높음에 따른 미스매치 현상이 발생되고 있다.

이에 비해 부산지역의 4년제 대학 졸업자 비중은 타 시·도보다 높으며, 청년 실업률도 타 시·도보다 높음에 따라 청년층의 이탈과 우수인력의 유출이 심각한 상황이다.

근본적인 대안이 부재한 가운데 눈높이의 하향화만으로 미스매치 현상을 해소할 수는 없으므로 산업과 고용의 미스매치를 해소하기 위해서는 전략산업의 발굴과 양질의 일자리 창출 정책이 동시에 이루어져야 한다. 아울러 중소 영세기업의 고질적 병폐인 원·하청 불공정 거래를 제도적으로 개선함으로써 중소기업의 지불능력 증대를 도모하는 적극적 정책을 시행하

---

* 네 가지 전략사업 중 세 가지에 대하여만 언급

여야 한다.

한편, 부산의 경우 자영업의 비중이 취업자 대비 약 35% 수준으로 700만 명 이상이 자영업자이며, 이처럼 OECD 내 최고의 자영업자 비율은 일자리의 부족과 고용 불안이 반영된 것으로 볼 수 있다. 현재 부산의 자영업은 포화상태이며, 일자리를 늘려 자영업으로의 진입을 구조적으로 막아내지 못할 경우 자영업자의 몰락을 야기하게 될 것이다.

부산은 전국 평균보다 자영업의 비율이 높으므로 이러한 조건에서 자영업자 등 소자본 신규창업 지원은 단순히 취업자 비율을 높이기 위한 전시용 행정으로 비칠 수 있으므로 신규창업 지원 전략은 필히 수정되어야 한다.

또한, 사회적 일자리를 비롯한 사회적 기업의 경우 정부의 지원에 의존하여 쉽게 사업을 벌이려고 하는 시도에 대해 보다 엄격한 심사가 필요하다. 현재 사회적 일자리 등 많은 사업들이 자생력을 갖추지 못하고 여타 종류의 지원책에 의존하는 형태이며 따라서 막대한 규모의 고용기금이 무의미하고 경쟁적인 지역별 유치로 인해 무분별하게 낭비되는 측면을 개선할 필요가 있다.

기존 일자리를 확대하기 위해서는, 지역 내 공동연구 개발을 통한 기술개발 체제 구축을 통해 지역 중소기업의 경쟁력을 강화하고 기업수요에 부응하는 교육훈련을 지원하고 노동자(공급) 측면에서의 인력수급 대안을 마련함으로써 인력수급의 미스매치 현상을 해소할 필요가 있다.

아울러 소멸되는 일자리를 줄이기 위해서는, 대우버스나 한진중공업 등 지역 내 제조업의 해외 및 역외 이전을 막고 제조업체의 적극적 유치 전략을 수립·시행하여 부산의 산업공동화를 완화하여야 한다. 그리고 고용 유연성 제고 방향에서 고용 안정성 중심의 고용정책으로 전환하는 점진적 산업구조 조정 또한 이루어져야 할 것이다.

고용 안정 및 고용 창출을 위한 거버넌스 체제 구축

현재 고용심의회의 경우 주로 신청 사업에 대한 심사위원회 개최와 중간점검 정도의 사업을 실시하고 있으므로 지역고용정책과 관련하여 심도 있는 논의가 이루어지지 않은 구조적 한계를 지니고 있다. 따라서 고용심의회 산하 전문위원회의 활성화를 통해 지역 고용 파트너십 포럼과의 공조체제를 구축함으로써 지역고용정책에 대한 지속적 논의를 진행하여야 한다.

공공부문 아웃소싱 중단과 비정규직의 정규직화

현재 임금 착취, 비리 양산 등 사용자의 수익을 맞추기 위한 무리한 경영으로 일상적인 노사분규 발생과 부당노동행위가 일어나고 있는 청소, 정화 등 필수 공익서비스 업종의 경우 아웃소싱을 직영화로 전환할 필요가 있으며, 이러한 과정에서 지방자치단체가 비정규직 해소와 차별 철폐를 솔선수범하는 모범적인 사용자의 상(像)을 보여주어야 한다.

비정규직 노동자의 저항과 문화

1.

『함께하는 예술인』편집위원으로 활동하시는 김기영 씨(『노동문화예술단 일터』연출)로부터 원고 청탁을 받았을 때는 정말로 원고를 쓸 시간적 여유와 정신적 여유 모두 제로상태였다고 해도 과언이 아니었다. 그런데도 전적으로 잘 거절하지 못하는 천성이 있었기 때문에 차마 대면에서 거절하지 못하고 다시 완곡하게 못 하겠다고 얘기해야겠다고 생각하면서 알겠다하고 넘어간 것이 그만 이렇게 글을 쓰게 되었다.

굳이 필요 없는 사설을 늘어놓는 근본적인 이유는 막상 비정규직 노동자의 상태와 문화를 접목한 글을 써달라는 어려운 주제보다는(사실은 주제도 어렵게 느꼈다), 머릿속에서 어떤 내용으로 써야 하나 생각을 할 때부터 막히는 벽이 있었기 때문이다. 왠지 도저히 글을 쓸 수 없도록 옥죄는 그 벽은 달포가 지난 이제야 서서히 깨닫게 되었는데, 그것은 바로 내 존재로부터 나오는 자괴감이 아니었을까 생각된다. 바로 민주노총 지역본부의 간부로서, 민주노총의 각급 조직들이 비정규직 노동자 문제에 대해 보여주고 있는 이중적 태도로 인한 괴리감에서 원고를 쓸 자격이 있는가라는 회의에 부딪히고 있었던 것이다.

2.

지난 수년에 걸친 민주노총의 사업방향을 살펴보면 거의 언제나 비정규직 철폐와 조직화에 대한 내용이 빠짐없이 제시되어왔다. 그리고 민주노총 산하인 부산지역본부 역시 가장 먼저 비정규직 철폐와 조직화를 골자로 하는 사업방향과 사업계획을 제시해왔다. '비정규직 철폐'는 비정규직이 한국사회에서 문제가 되기 시작할 때부터 민주노총의 핵심사업이었던 것이다. 그리고 비정규직과 관련한 무수한 투쟁이 전개되어왔다.

한국사회에서 비정규직이 본격적인 사회문제가 되기 시작한 것은 어림잡아 IMF 경제위기 이후 정리해고제와 근로자 파견제가 합법화되면서부터였다고 할 수 있다. 물론 그 이전에도 불법 파견사업을 비롯하여 기간제 근로자, 임시직, 일용직, 파트타임 노동자 등 비정규직은 결코 적지 않은 수였음에도 불구하고 수많은 차별과 사회적 멸시를 받아왔다.

10여 년 전부터 비정규직 노동자 문제가 본격화되었다는 것은, 비정규직 노동자의 숫자가 정규직 노동자를 압도하기 시작했고 비정규직 노동자에 대한 차별과 사회적 멸시, 그리고 노동자 계급 내에서의 소외가 본격화되었다는 것을 의미한다.

정규직 노동자에 비하면 반 토막밖에 되지 않는 임금 구조, 정규직 노동자의 1/3에 불과한 사회보장제도의 적용, 만성화된 고용불안, 대물림되는 빈곤의 악순환, 비정규직에서 탈피하고자 발버둥칠수록 옥죄어드는 삶으로부터의 철저한 소외는 결코 개인의 희생과 노력으로 해결할 수 없는 구조적 모순으로 자리 잡았다.

3.

비정규직 노동자들의 투쟁을 되짚어보면, 1988년 한라중공업(현 현대중공업 삼호 조선소) 사내 하청 노동조합을 그 시작으로 볼 수 있으며 1999년 재능교육 교사 노동조합의 투쟁을 계기로 비정규직 노동자의 투쟁이 불붙기 시작하였다. 이때만 하더라도 비정규직 노동조합은 약간은 생소하였지만 이미 비정규직 노동자 문제는 심각한 상태라는 것을 보여주고 있었다.

이러한 움직임을 통해 2000년 들어 상당히 많은 비정규직 노동자 투쟁이 전개되는데, 대표적으로는 이랜드와 롯데호텔처럼 정규직과 비정규직이 함께 투쟁한 곳도 있으며 서울대 시설 관리 노동자, 동우공영(경비직 파견업체) 노동조합 등 간접고용 노동자들의 투쟁도 전개되었고 방송사 비정규직 노동자들과 인사이트 코리아 등 많은 비정규직 노동자들의 투쟁이 잇따랐다.

이때까지만 해도 자본 측은 비정규직 노동자들의 투쟁에 대해 대응을 하지 않았던 측면이 강했으나 얼마 지나지 않아 곧 자본과 정권은 이러한 비정규직의 투쟁에 대해 본격적으로 대응하기 시작하였다.

2001년 캐리어 사내 하청 노동조합, 한국통신 계약직 노동조합 그리고 건설운송 노동조합이 정면 돌파를 시도하였으나 자본가들은 힘을 합쳐 대응한 반면 노동운동은 힘을 모아내지 못하였다. 캐리어 정규직 노동조합은 금속노조에서도 상당히 모범적인 노동조합으로 알려졌으나 비정규직과의 연대를 끝내 거부하고 방관하면서 금속노조로부터 제명을 당했다.

뿐만 아니라 한국통신 노동조합(현 KT 노동조합) 역시 대규모 노동조합이었으나 계약직 노동자들의 투쟁을 외면하고 말았다. 레미콘 지입 차주들로 구성된 건설운송노동조합도 경찰 폭력 앞에서 패배할 수밖에 없었다. 이렇게 정규직을 압박하고 비정규직 투쟁을 고립시킨 자본과 권력의 대응 앞에서 노동운동은 패배하기 시작했고, 그렇게 비정규직 노동자들의 투쟁은 고난의 행군을 시작하게 되었다.

그러나 비정규직 노동자가 더욱 확대되면서 비정규직 투쟁은 폭발적인 양상을 보이기도 하였는데 2003년 화물연대의 파업은 비정규직의 조직화에 새로운 활력을 불어 넣기도 하였다. 그리고 대규모 사업장에서 사내하청 노동조합도 속속 생겨나기 시작하였다.

그렇다고 하더라도 비정규직의 문제는 여전히 개선되지 않았고, 무려 3년 이상을 끌면서 민주노총의 여러 차례에 걸친 총 파업투쟁을 무색하게 만든 비정규직 법안이 2006년에 마침내 통과되면서 그에 맞선 투쟁이 힘을 잃고 대량해고가 발생하기 시작하였다.

속칭 노동계에서 비정규직 확산법이라고 불린 이 법이 실제

보다 더욱 가관이었던 것은 비정규직법 시행 이후 2년이 지난 기간제 노동자의 정규직화—실제로는 무기계약에 불과하지만—를 하는 것으로 되었으나 자본가들은 이를 시행하기도 전에 2년이 지난 기간제 노동자들을 해고시키기까지 하였다.

2007년에는 이랜드 일반노조와 뉴코아 노조가 비정규직 1천 명을 집단 해고시킨 이랜드 자본에 맞서 투쟁했다. 이 투쟁은 전국적으로 전개되었고, 민주노총 대의원대회에서 해고 노동자들의 생계비를 책임지기 위하여 모금할 것을 결의하였다.

그러나 과연 70만 민주노총 조합원은 이들 1천 명의 해고 노동자들에게 몇 개월의 임금을 지불할 수 있는지 자문하지 않을 수 없는 상황이 되었다. 그리고 지역마다 있는 홈에버, 뉴코아 매장 봉쇄투쟁은 얼마나 가열차게 전개되었는가? 실제로 봉쇄된 매장은 전국의 몇 곳이나 되었는가? 부산에서조차 4만여 명의 민주노총 조합원들은 매장 하나도 제대로 봉쇄하지 못하였고, 매장 앞 집회를 사수하기 위해 민주노동당을 비롯하여 각 사회단체들까지 참가하였지만 힘 있는 투쟁을 하였다고 할 수 없었다.

물론 민주노총의 활동가들은 투쟁을 조직하기 위해 최선을 다하였으며 많은 활동가들이 소환장을 발부받고 재판에 회부되었지만 냉정하게 평가하면 이 투쟁을 힘 있게 조직하지 못하였다고 볼 수 있다.

'비정규직'이 사회적 쟁점이 되기 시작한지 10년도 넘어가는 지금도 역시 1,000일을 넘기는 투쟁과 100일에 걸친 죽음 직전에 이르는 단식투쟁에도 아랑곳하지 않는 자본과 정권 앞에서 마냥 무력해지고 있는 것이 우리들 모습이다. 심지어 기륭전자에서 함께 투쟁한 권명숙 조합원은 투쟁 속에서 암으로 산화해갔지만 이 잔인한 투쟁은 여전히 지속되고 있는 상황을 목도하게 된다.

설상가상으로 비정규투쟁의 무력함은 민주노총의 대표적 노동조합이라고 할 수 있는 금속노조 현대자동차 지부에서도 나타나고 있다. 다양한 현장 조직과 민주노총의 총파업 전선에서

서울역 철탑 농성 중인
KTX 여승무원과
집회 중인 연대조직들

나름대로 원칙을 지키며 총파업의 동력이 되어왔던 현대자동차의 정규직 노동자들 역시 비정규직 노동자와 함께하기에는 자신들이 지켜야 할 기득권이 너무 커 보였던 것은 아닐까?

어쨌든 민주노총의 단위사업장 중에 가장 투쟁적이라고 할 수 있는 현대자동차지부가 정규직과 비정규직이 하나의 노조를 지향하는 금속노조의 지침인 1사 1노조 찬반투표에서 부결되었다는 것은 오늘날 민주노조의 현실을 보여주고 있다. 얼마나 참담한 현실인가?

4.

이제 민주노조운동의 활동가들도 더 이상 조합원의 정서를 얘기할 시기는 지났다. 아니 민주노총은 이미 비정규직투쟁에 대한 자기정당성을 확보하는 데 실패하였고, 신뢰도 상당히 떨어졌다고 보는 것이 옳을 것이다. 그리고 비정규투쟁은 의례적으로 하는 관용구에 지나지 않는다. 그것은 단연코 현재의 사업구조를 보더라도 역시 기존 정규직 노조 중심의 사업구조와 활동방식에 근거하여 조금 더 여력을 만들어서 비정규투쟁을 하고 있는 조직구조에서 비롯되고 있다는 점에서 그렇다고 할 수 있다.

이는 민주노총이나 지역본부의 예산과 사업구조만이 아니라, 민주노총을 구성하고 있는 수많은 단위 사업장의 노동조합의 활동구조를 보면 단연코 드러나는 대목이다. 민주노조진영의 노동조합에서 비정규직 차별 철폐와 조직화를 전면적으로 자기사업으로 해도 비정규 투쟁은 여러 가지 여건상 어려움이 따르기 마련인데, 그나마도 하지 않고 민주노총이나 지역본부를 대리로 비정규직 사업을 내세워봤자 그 진정성이 통할 리 만무할 것이다.

존재는 의식을 규정하기 마련이지만 오늘날 한국 노동자 계급, 특히 정규직 노동자들의 경우 결코 노동자 계급의 보편적인 의식이 지배하고 있다고 보기 어렵다. 아무런 문제의식 없이 주식투자를 하는 노조 간부나 자식만은 일류대학에 보낼 가능성을 늘 열어놓은 채 사교육을 시키고 있는 대다수의 노동자들에게서 계급의식을 기대하는 것은 모순인가?

비정규직 노동자들 역시 정규직과의 차별 속에서 노동자 계급으로 무장되어 있다고 할 수 있는가? 더 이상 잃을 것이 없는 비정규직 노동자들도 역시 출세의 줄을 잡기 위해 서로 단결하고 연대하기보다는 비정규직 노동자라는 멍에를 탈출하기 위해 개인적 노력을 하고 있는 것이 아닐까? 아니면 자식이라도 탈출시키기 위해 사교육비를 더 벌고자 야간 대리운전 등 투잡, 쓰리잡을 하고 있지는 않는가?

노동자라는 계급적 기반의 토대 없이 개인적 노력, 즉 사적 노력으로 해결하려고 하는 이상 단결투쟁과 연대는 요원하지 않겠는가? 비정규직 노동자가 벌써 정규직 노동자의 수를 넘어서고 있지만 누구든지 정규직보다 더 많은 노동자가 비정규직이 되어야 직업을 가질 수 있는 한국사회에서 비정규직 노동자 스스로 조직과 투쟁에 나서야 심연 같은 모순이 해결되지 않을까.

과거 87년 노동자 대투쟁의 역사를 만들었던 당시의 노동자들은 오늘날 비정규직 노동자들과 비슷한 삶을 살았던 노동자들이었다. 그 노동자들은 이제 정규직 노동자들이 되어 알량한 기득권에 안주하고 이제 그 자리를 비정규직 노동자들이 채우고 있는 이런 모순을 해결하기 위해서는 비정규직 노동자와 정규직 노동자가 함께 투쟁하고 연대하지 않으면 방안이 없다.

5.

비정규직 철폐와 조직화를 위해서는 정규직 노동자와 비정규직 노동자의 연대가 필수적이다. 최소한 현재 단계에서는 조직적 역량을 보유하고 있는 민주노조의 정규직 노동자와 아직도 조직화가 걸음마 수준인 비정규직 노동자들의 조직적 연대야말로 적절한 방안이다.

그러나 백화점과 대기업의 문화센터를 자유롭게 활용하고, 각종 사회적 혜택과 서비스를 제공받으며 수준 높은 문화생활과 소비생활을 만끽하는 대기업과 공공부문 노동자 및 그 가족들의 삶 속에 비정규직 노동자와 중소 영세기업의 노동자들이 끼어들 틈은 보이지 않는 것이 현실이다.

비정규직 투쟁에 연대하지 않는 공공부문과 정규직 노동자들이 자신들에게 구조조정과 민영화의 칼날이 다가와야만 나라경제를 들먹이며, 사회공공성을 앞세워 자신들의 기득권을 지키려고 할 때 과연 어느 누가 연대하겠는가?

비정규법이 개악되어도 자신의 문제가 아니라서 조직하기 어렵다고 엄살을 떨던 대기업의 선진 활동가가 선거 때는 노동자 후보를 자처하며 출마하면서 자신에게 투표할 것을 호소하는데 감동받을 비정규직 노동자는 이미 존재하지 않는다.

이렇듯 대기업과 공공부문의 정규직 노동자와 비정규직, 영세 노동자 간의 사이에는 깊은 불신의 강이 흐르고 있고, 한쪽은 고용의 방패막이와 자신이 누리는 '상대적' 고임금의 지렛대로 위안을 삼고, 한쪽은 동일노동 동일임금이 관철되지 않는 말도 안 되는 불평등을 직면하면서 근본적인 다름을 느껴 종국에는 서로가 계급적으로 소외시키고 있는 것이 현실이다.

2008년 5월 10일
화물연대 부산역
집회 후 시가행진

노동운동은 현실을 변화시키는 데서 출발한다. 현실의 모순을 극복하기 위한 노력은 새롭게 되어야 한다. 관성화되고 매년 판박이처럼 되뇌어 이제는 그 진정성을 찾기 어려운 민주노총의 사업을 현장에서부터 바꾸지 않고서는 결코 해결책이 없는 듯하다.

사실상 당연하게도 그동안 민주노총의 비정규직 철폐투쟁이 마냥 무의미한 것은 아니었다. 그래도 민주노총이니까 그 정도의 투쟁을 만들고, 수많은 비정규직들이 민주노총을 바라보면서 투쟁을 결의하고 실행하기도 하였다. 물론 비정규직 노동자는 더 이상 밀려날 곳이 없는 벼랑 끝에서 선택할 수밖에 없는 것이 투쟁이기도 하였기에 그토록 강고한 투쟁을 할 수밖에 없는 것이 본질이었지만 말이다.

정규직이 중심이 되는 민주노총에서 비정규투쟁을 하기 위해서는 더 많은 상상력을 동원해야 한다. 노동상담을 통한 법률구제사업과 교육선전을 통한 조직화 사업 등등 어느 하나 중요하지 않은 것이 없다.

그러나 진정으로 정규직과 비정규직이 연대하여 노동자 계급운동의 지평을 열기 위해서는 선언적 운동이 아니라 실천적 운동이 되어야 한다. 그 실천적 운동은 상급단체의 지침에 의해 마지못해 동원되는 운동이 아니라 현장에서부터 자발적인 운동을 조직해야 한다.

그러기 위해서는 다시 자신의 존재를 배반하지 않는 의식을 갖는 것, 단위노동조합의 자원을 비정규직과 미조직사업에 우선적으로 배치하는 것, 무엇보다도 노동자로서의 정서와 문화 생활을 공유하기 위한 각종 프로그램을 개발하고 접근해가는 것, 지역과 사업장에서 비정규직과 영세 사업장의 노동자를 위한 기금을 만드는 일과 그들의 가족을 함께 책임지는 사회적 공유기능을 높이지 않고서야 어떻게 진정성을 가지고 만날 수 있을까?

정규직 노동자들이 자신의 임금 인상분에서, 자신의 연말 성과급에서 10%만이라도 같은 계급 내 소외계층을 향해 기금을 내고, 단 한가지의 실천이라도 함께한다면 그러한 투자야말로 자본가들의 썩어빠진 주식 투기보다 훨씬 더 가치 있게 자신과 자식들에게 두 배, 세 배가 되어 돌아갈 것이라는 확신을 가지는 것이 중요하다.

비정규직 노동자들 역시 누구든지 비정규직이 되어야 하는 사회구조를 개혁하지 않고 사적 노력으로만 탈출하려고 시도할 때 인생은 더욱 꼬일 수밖에 없는 현실을 보다 정확하게 인식하고, 집단적 단결과 연대의 힘으로 구조를 변화시키기 위한 투쟁조직에 적극 나서는 것이야 말로 가장 빠르게 비정규직을 벗어나는 지름길이라는 확신 아래 스스로를 조직하는 길에 나서는 것이 무엇보다 중요하다. 계급사회에서 해방이란 이렇게 어려운 과정을 거쳐야 오는 것이 아닐까?

비정규직의 정규직화 추진

비정규 고용 및 노사분규가 사회적 문제로 떠오르면서 정부는 공공부문이 올바른 비정규직 사용관행을 정착시켜 모범적인 사용자로서 민간부문을 선도할 것임을 줄곧 밝혀왔다.

2011년 말 공공부문 비정규직의 종합대책을 발표하면서, "지속적 업무 종사자는 원칙적으로 무기 계약직으로 전환하여 채용하고, 맞춤형 복지(복지 포인트) 및 상여금(명절 휴가비 등) 지급, 사내 근로복지기금의 수혜 확대 등 복지 확충과 처우개선 추진, 청소용역 등 외주 근로자의 근로 조건 보호를 위해 정책적 지원과 용역계약제도의 개선을 추진한다는 내용을 발표하였다.

그러나 이러한 정부의 대책은 간접고용에 대한 문제는 완전히 배제한 채 직접고용 비정규직 개선책에 국한된다는 점에서 그 한계가 뚜렷하다.

예를 들어, 정화조 분뇨수거 사업의 경우 민간으로 업무 위탁을 하는 경우가 많으며 생활 쓰레기 수집 · 운반 업무와 사회복지, 상 · 하수시설, 방역관리, 체육시설, 보건의료, 문화예술관광, 교통안전 등 민간으로의 업무 위탁은 매우 광범위하게 이루어지고 있다.

정부는 직접고용 비정규직 노동자 중 상시·지속적 업무의 경우 무기계약직으로 정규직화한다고 하지만, 실제 상시·지속적 업무의 적지 않은 양이 이미 외주화되어 있고, 간접고용 노동자들의 고용조건이 취약하다는 것이 공공부문 비정규직화의 중요한 논점이 되고 있다.

2011년 11월부터 2012년 1월까지 진행된 한국노동사회연구소의 조사에 의하면, 위탁 다발업무 15개 중에서 지역주민의 일상과 밀접한 업무들일수록 민간위탁이 더 많다고 한다. 그렇다면 이러한 업무는 '핵심 업무인가, 주변 업무인가?' 혹은 '상시 업무인가, 일시 업무인가?'를 되짚어보아야 한다.

2008년 행정안전부는 '2단계 조직기능 개편 지침'과 '지방조직 개편안'을 확정 발표하였는데 여기에는 공무원 인력 및 예산 감축, 무기계약·기간제·시간제 근로자 자체정비 지시 등이 담겨 있다.* 이러한 조치는, 업무와 고용의 위험을 더 열악한 노동조건에 처해 있는 산하기관 및 민간위탁기관으로 넘기는 '위험의 위계적 이전'의 전형적 조치에 해당된다.

앞서 예를 든 분뇨처리의 경우, 한국노동사회연구소의 조사에 응답한 지자체의 위탁업체 중 2008년 이후 민간위탁을 시행한 비중이 54.5%로 나타나 (다른 업무와 비교하면 낮은 편이긴

---

* 구체적으로 2008년 안에 전국 지자체 일반직 공무원 25만여 명 중 1만 명 이상 감축 지시. 일반직 공무원 총인건비도 기본 5%감축 최대 10% 자율절감, 무기계약·기간제·시간제 근로자 자체정비 지시, 개편안 미 준수 시 차기년도 예산 10% 삭감 및 차등 인센티브 지급 등이다.

하나) 여전히 민간위탁이 늘어나고 있음을 알 수 있다.

일반적으로 외부 민간업무 위탁을 하는 주요 논거로는 ①
외부 전문자원 활용 가능, ② 아웃소싱을 통해 투하자본의 효
율성 제고, ③ 시장 변동에 따른 유연성 확보 가능(안주엽 외,
2006) 등이 제시되지만, 국내 간접고용 확대의 주요 원인은 비
용 절감의 의도가 강하다.

그러나 실제로는 비용 절감의 효과도 크지 않고 역으로 관
리비용이 증가한다는 실증연구도 적지 않다. 공공부문도 예외
는 아니며, 따라서 공공업무의 운영주체로서 정부의 역할 강화
를 내용으로 하는 직영화·준공영화는 외주화를 차단하는 근
본적이면서 궁극적인 방안으로 제고될 필요가 있다.

특히 공공부문의 경우, 총액인건비제도의 도입으로 인해 지
자체의 인건비를 절감하는 것이 주요 평가요소 중의 하나로
작용됨으로 인해 비정규직을 원칙 없이 남용하는 결과를 가져
왔고, 간접고용 역시 이런 과정 속에서 확대되는 추세를 보여
왔다.

이와 함께 시장효율성 경제원리가 잘못 활용되면서 민간자
원을 활용하는 것이 지자체의 생산성과 효율성을 높이는 방법
으로 생각되었던 것이다. 따라서 공공부문, 특히 지자체의 비
정규직 문제를 해결하기 위해서는 총액인건비제의 폐지와 인
건비 절감방침이 개선되지 않으면 안 된다.

또 한편으로 직영화나 준공영화가 중장기적 현실 대안이라
면, 민간위탁의 표준조례안의 필요성은 또 다른 시의성을 요구

하는 대안이 될 수 있다. 그리고 최근 몇몇 지자체를 중심으로 비정규직의 정규직화의 추진에는 지방자치단체장의 의지도 매우 중요하다는 것이 증명되고 있으므로 표준조례제정과 함께 단기적 차원에서 단체장의 역할에도 방점을 두어야 할 것이다.

또한 현행의 비위사실을 해결하고 사업의 공공성을 높이기 위해서는 표준조례안을 통해 표준원가 산정과 요금징수체계의 변화 등을 추진할 수 있다. 다만 조례나 규칙에 근거하더라도 민간 외주 위탁에 대한 견제장치—지자체의 감사권 강화, 기초의회나 시민사회가 참여하는 감시체계 마련 등—들을 법규로 충분히 보강하여야 할 것이다.

노사민정 파트너십의 기본인식이 바뀌어야 한다

다양한 일자리 창출 노력에도 불구하고 현실은 여전히 암울하다

실업통계는 경제활동인구 내에서만 산출된다. 경제활동 능력이 없거나 경제활동을 하지 않는 '비(非)경제활동인구'는 실업자 통계에 잡히지 않는다. 취업 준비가 목표라 해도 학원 등 교육기관에 다니는 사람이라면 실업자에 포함되지 않는다. 우리나라 공식 실업통계에 잡히지 않는 '사실상 백수' 상태인 젊은 층이 비경제활동인구에 대거 편입됐을 것으로 분석된다.

20대 젊은 층 사이에 '구직 무기력증'이 번지고 있다는 점도 큰 문제로 꼽힌다. 별다른 이유 없이 구직활동을 하지 않고 쉰다고 답한 20~29세 인구가 올해(2011년) 8월 29만 8000명을 기록했다. 전년 동월 대비 7000명이나 증가했다. 20대 고용통계에서 그냥 쉰다는 사람(29만 8000명)이 실업인구(29만 5000명)를 뛰어넘는 이상 현상이 나타났다.

15일 기획재정부는 〈고용 동향 분석 보고서〉에서 '청년 실업률이 비교적 큰 폭으로 하락했지만 전반적인 청년층 고용여건 개선은 더딘 모습'이라고 지적했다. 올 8월만 해도 청년층 인구 자체가 7.8%나 감소했지만 소용없었다. 저출산 고령화로 젊은 층 인구 자체가 해마다 크게 줄고 있는데 일자리 사정은 점점 더 나빠지고 있다. 신입 채용인원은 줄이고 경력 위주로 사람을 뽑는 기업이 늘어나고 있기 때문이다. 구조적인 청년층 일자리 난은 앞으로 더욱 심각해질 전망이다.*

2010년 8월 고용동향에 따르면 비경제활동인구가 15,815천 명으로, 전년 동월 대비 172천 명(1.1%) 증가하였다. 활동 상태별 비경제활동인구를 보면, 가사(204천 명, 3.7%), 재학·수강 등(83천 명, 2.0%), 연로(39천 명, 2.4%), 쉬었음(18천 명, 1.3%) 등에서 증가한 반면, 육아(-148천 명, -9.3%), 심신장애(-21천 명, -4.5%) 등에서는 감소하여 여성과 청년층의 비경제활동인구가 증가하였음을 알 수 있으며, 육아로 인한 비율이 대폭 줄어든 것으로 보아 저출산의 추세가 지속되고 있음을 알 수 있다. 비경제활동인구 중 구직 단념자**는 223천 명으로 전년 동월 대비 45천 명(25.1%) 증가하였다.

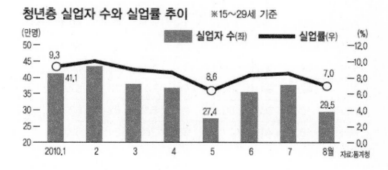

청년층 실업자 수와 실업률 추이 ※15~29세 기준

*『헤럴드경제』(2010. 9. 15.)

** 비경제활동인구 중 취업의사와 능력은 있으나, 노동시장적 사유로 일자리를 구하지 않은 자 중 지난 1년 내 구직경험이 있었던 사람

〈시도별 경제활동인구 총괄〉

(단위 : 천 명)

	15세 이상 인구				경제활동 참가율 (%)	고용률* (%)	실업률 (%)
		경제활동인구		비경제활동인구			
			취업자	실업자			
전국	40,651	24,836	24,005	831	15,815	61.1	59.1	3.3
농가	2,712	2,083	2,060	23	629	76.8	75.9	1.1
비농가	37,939	22,754	21,946	808	15,186	60.0	57.8	3.6
서울	8,393	5,184	4,962	223	3,209	61.8	59.1	4.3
부산	2,901	1,619	1,569	50	1,281	55.8	54.1	3.1
대구	2,052	1,204	1,166	38	848	58.7	56.8	3.2
인천	2,228	1,385	1,326	59	843	62.2	59.5	4.3
광주	1,168	688	663	24	481	58.9	56.8	3.5
대전	1,234	735	710	25	499	59.6	57.5	3.4
울산	916	554	538	16	362	60.5	58.7	2.9
경기	9,644	5,938	5,715	224	3,706	61.6	59.3	3.8
강원	1,191	717	704	13	474	60.2	59.1	1.8
충북	1,238	774	760	14	464	62.5	61.4	1.8
충남	1,616	1,032	1,006	25	585	63.8	62.3	2.4
전북	1,428	841	827	14	587	58.9	57.9	1.7
전남	1,426	884	862	22	542	62.0	60.5	2.4
경북	2,180	1,411	1,373	38	769	64.7	63.0	2.7
경남	2,599	1,585	1,543	41	1,015	61.0	59.4	2.6
제주	438	287	283	4	152	65.4	64.5	1.5

* 자료 : 통계청 고용 동향(2010년 8월)

일자리의 질을 높여야 한다

일자리 창출의 양과 질에서 선진화를 이루는 것이 중요하며, 특히 부산의 경우 일자리의 질을 높이는 정책이 절실하다.

부산은 대기업이 모두 외곽으로 나가는 추세이다. 기존 대우 버스의 생산라인이 울산으로 완전히 이전하였고, 이어 한진 중공업도 부산조선소에 수주를 받지 않고 오히려 구조 조정을 추진하고 있어 대기업의 공동화 및 이전이 심화되고 있다.

부산의 산업구조를 보면, 제조업이 줄어들고 있고 서비스업이 계속 확대되는 추세에 있으며 특히 질 낮은 서비스업이 다수를 차지하고 있어 매우 우려되는바, 이에 대한 부산시의 산업구조 고도화 정책은 무엇인지 무척 궁금하다.

한편, 중소기업 미스매치의 해결방안은 임금인상 및 근로조건 개선에서 찾아야 한다. 중소기업의 다수가 원·하청 관계에 있으며, 현재 정부도 이미 이 문제를 언급한 바 있다. 따라서 부산시에서도 원·하청 불공정 거래에 대한 조사와 개선을 위한 정책을 수립하여야 한다. 물론, 대기업과 중소기업의 상생 방안도 무척 중요하지만, 대기업과 중소기업의 상생이 중소기업 노동자의 임금 인상으로 귀결되지는 않는다고 보기 때문이다.

현재와 같은 저임금 상태에서 대학생들로 하여금 중소기업

---

* 취업자/15세 이상 인구×100

으로 취업하도록 유도하는 것 역시 한계가 있다. 이를 해결하기 위해서는 중소기업의 임금 수준 향상과 근로 조건 개선을 위한 사회적 교섭을 이루어야 하며 중소기업의 경우 노조 조직률도 상당히 낮은 수준이므로 중소기업에 노조 결성을 지원하는 것도 필요하다.

사회적 기업 육성은 지역경제 체질 개선 차원에서 접근해야

사회적 기업은 중요한 의미를 갖는 새로운 형태의 경제조직으로, 세계적으로도 확산되고 있는 추세이다. 그러나 그 원리나 목표와 무관하게 사회적 기업을 일자리 창출의 대상으로 본다면 질 낮은 일자리가 될 수밖에 없다.

따라서 사회적 기업을 육성하기 위해서는 그에 알맞은 사회적 기업가 양성과 함께, 단순히 일자리 창출의 의미를 넘어 사회적 경제 원리에 따라 지역경제의 체질을 개선하는 차원에서 접근하는 것이 중요하다.

노사민정 파트너십의 기본인식이 바뀌어야 한다

노사민정 파트너십에서 노조의 역할은 무엇인가? 노동쟁의를 자제하면, 사용자들이 알아서 임금을 올려주는가? 근로조건을 향상시키는가? 그렇지 않다. 이는 이미 역사적으로 검증된 사실이다.

부산교통공사의 200개 일자리 역시, 당초 공사의 방침은 신규노선이 개통되어도 일자리는 확대하지 않겠다는 것이었다.

부산지하철 노동조합의 청년 실업 해소와 일자리 확대를 위한 요구와 투쟁이 있었기 때문에 그만큼이라도 일자리를 만들었던 것이다.

따라서 진정한 노사민정 파트너십을 구축하려면 기본관점부터 바뀌어야 한다. 사회적 · 경제적 지위 향상과 근로조건 유지 개선을 위해 투쟁하는 노동조합의 원래 목적을 부정하는 방식으로 접근해서는 진정한 파트너십을 이룰 수 없다. 그런 방식은 노조로 하여금 대중의 신뢰를 받지 못하게 하는 길이 될 것이며 그렇게 되면 노조는 제 역할을 할 수가 없고 지도력도 발휘할 수 없다. 그것을 추구하는 파트너십은 의미가 없다.

진정한 파트너십을 구축하고자 한다면 노조의 순기능을 확대할 수 있는 여건을 조성해야 한다. 그리고 사용자들부터 근로기준법이나 최저임금법을 잘 준수해야 할 것이며, 위반 사업주에게 솜방망이 처벌을 하면 경제가 살아날 것인가에 대해서도 진지하게 생각해 보아야 한다.

민주노총에서도 부산광역시와 꾸준히 대화하고 있으나 아직 별다른 성과는 없으며, 그런 상태에서는 노사민정 파트너십에 대한 참가 동기가 생기기 어렵다.

우리 앞에 길은 얼마든지 열려 있다. 상호 노력이 필요한 때이다.

이주노동자 조직화를 위한 일본연수 보고서

일본 연수에 임하며

한국에서 이주노동자의 존재는 이제 일상화되었다. 그동안 숱하게 이주노동자에 대한 인권 침해와 노동 착취가 행해진 것은 어제 오늘의 일이 아니게 되었다. 산업연수생 제도가 이제 고용허가제로 바뀌기도 하였다.

이주노동자들의 조직도 만들어졌다. 그러나 탄압도 여전한 것이 한국답다. 대구 성서공단의 이주노동자 조직은 독특한 측면이 있고, 잘 살펴볼 필요도 있다.

부산경남지역 이주노동자 조직을 위해 민들레 기금에서 연수단을 구성하였다. 기간은 일본에서의 이주노동자 문제에 대한 전국 포럼과 공동 행동, 그리고 정부 교섭이 집중되는 3월 7일부터 15일까지였다. 연수기간으로서는 결코 짧지 않은 기간이었다.

일본의 노동 운동이, 그것도 이주노동문제를 가지고 정부 교섭을 한다고 하니 사뭇 일반적 궁금증을 넘어 교섭 형식조차 어떻게 진행할지 알고 싶어져 자원하게 되었다. 대학원 박사과정 수업과 내가 맡은 강의조차 빼먹고 가서 확인하고 싶었던 것은 바로 교섭 형태였다. 포럼과 조직화를 위한 각 조직의 방향, 그리고 투쟁방식 모두 궁금한 것이기는 하지만 그중 단연코 나로 하여금 일본행을 강행하게 만든 것은 정부 교섭이었다. 교섭은 민주노총에서 가장 취약한 부분이자, 우리들역시 그 전형을 만들지 못하고 있는 상(像)이었기 때문이기도하였다.

어렵게 연수팀이 구성되어 출발하게 되었다. 그전의 민들레기금에서 운영했던 활동가 재충전 프로그램과는 달리 분명히목적과 의도가 있는 연수였기에 더욱 큰 부담을 가지고…….아니 어쩌면 부담이 아니라 더 이상 방기하거나 미룰 수 없는필연적 과제여야 한다는 막연한 의식 속에서 진행되었다고 하는 게 맞을지도…….

일본의 생활

연수기간 중 숙박은 가와사키 시의 나가하라 가톨릭교회에서 하였다. 과거 그 장소는 유치원이었는데 시설 기준이 미달하여 폐쇄한 이후 교회의 행사 필요 시 사용하기 때문에 약 일주일 이상의 숙박이 가능하다고 하였다. 마리아 어머님이 소개하여 주었고, 그곳에서 봉사하시는 일본인 할머니 두 분이 반갑게 맞이하여주었다. 벽 커튼에 '방문을 환영합니다.'라는 한글 종이 현수막이 붙어 있었다.

참고로 일본은 기독교와 가톨릭을 합하여 인구의 1%도 채되지 않는다고 누군가가 얘기해주었다. 그러고 보니 교회를 보기 힘들었다. 한국하고는 너무나 다른 종교문화다. 대신 신사는 차를 타고 다니면서 곳곳에서 본 것 같다.

일본생활에서 가장 큰 특징은 목욕문화다. 매일 저녁 또는 아침마다 목욕을 하는 것이 생활화되어 있는 것을 느낄 수 있었고, 덕분에 내 생애 일주일 이상 매일 목욕탕을 찾은 것은 전무후무할 것이다. 매일 저녁 피로와 술로 지친 몸을 다시 활력을 찾게 해 준 것 중의 중요한 요소는 목욕이었다고 생각된다.

우리가 묵은 교회에는 욕실이 없었기 때문에 우리 일행은 매일 공중목욕탕을 가게 되었다. 1회 430엔, 우리 돈으로 약 4,000원이니까 한국 대중목욕탕과 가격이 비슷하다. 일본의 물가가 보통 3~4배 비싼 것을 감안한다면 대중목욕탕 이용료는 저렴한 축에 속한다. 그만큼 대중화되었기 때문에 비용부담을 줄일 수밖에 없었을 것이다.

한국 대중탕에서 제공하는 수건도 없고, 비누와 치약은커녕 탈의실에는 로션이나 빗조차 없어 모든 것을 자기가 들고 가야 하는 목욕탕. 게다가 좀도둑 예방 차원인지 남탕 쪽에는 CCTV까지 버젓이 비추고 있었다. 다행히 일본에 수건 한 장과 칫솔을 들고 갔기 때문에 무사히 목욕을 할 수 있었다. 비누와 샴푸는 신상길 실장이 들고 온 것을 공유하면서…….

이주노동자 포럼

시간을 잘못 안 관계로, 포럼이 개최되는 메이지 대학에는 조금 늦게 도착하였는데, 포럼이 열리는 강의실은 이미 만원이었다. 150석은 됨직한 강의실은 열기가 넘치고 있었다.

첫 번째 기조 강연은 인권 모임의 정귀순 대표가 하고 있었다. 이주노동자는 일본에서 먼저 존재하였고, 일본에서 산업연수생 제도를 통해 도입되었는데, 이를 한국에서도 모방하여 산업연수생 제도를 도입하였으나 한국은 산업연수생 제도를 폐지하고 이제 고용허가제를 시행하고 있어 제도상으로는 한발 앞선 부분이 있다는 것이고, 일본에서는 이를 긍정적으로 보고 초청강연을 부탁했던 듯하다.

정 대표는, 한국에서 산업연수생제를 폐지하게 된 것은 이주노동자에 대한 한국 시민사회단체의 지원과 제도 개선을 위한 노력, 그리고 이주노동자 인권 침해에 대한 언론의 폭로와 적극적인 보도 등이 큰 힘이 되었다고 한다. 반면 민주노총을 비롯한 노조의 역할은 미흡하였다고 지적하였다. 그리고 불법행위의 사례, 제로조합에 대한 보고가 있었는데, 제로조합은 노조가 없는 경우의 인권 침해와 폭행 등의 사례이다. 일본에서도 인권 침해와 사용자들에 의한 각종 불법행위는 한국과 비슷한 것 같았다.

포럼에서 무엇보다 놀라운 것은 참여도였다. 물론 전국포럼인데 비해 공간이 좁긴 하였으나 어쨌든 그 자리들이 꽉 찬다는 것은 그만큼 관심이 많다는 얘기인 것이다. 나는 뒤쪽에 앉았는데 옆자리에 앉은 일본인 여성은 잡지사의 리포터라고 하면서 관심을 가지고 공부하기 위해 참여하고 있다고 하였다.

포럼의 2부는 분과토론이었다. 점심도 먹지 못한 채 참석하였으나 혜진 씨와 마리아 어머님이 김밥을 챙겨주셔서 우리는 분과회의도 참석할 수 있었다.

분과회의 참석자들은 해당 정책분야를 연구하는 대학 교수, 그리고 경제산업성과 농림수산성의 공무원, 국회의원 비서관 등이었는데, 이들은 실질적인 정책 담당자로서 직접 참여하여 토론한다는 측면에서 큰 의미가 있었다.

이주노동자 정책을 이민 정책의 차원에서 대응해야 한다는 주장에는 공감이 갔다. 정주할 수 있는 사회적 제도 개선과 여건을 만드는 것에 대한 진지한 토론이 이어졌고, 진보적 방향으로 개선되기를 희망하고 있었다. 우리와도 비교되는 부분이었다.

정부 교섭

월요일에는 의원회관 회의실에서 정부 해당 부처와의 교섭이 진행되었다. 의원회관 내 회의실은 넓었다. 교섭 테이블을 배치하고 참관인석을 배치하였다. 이미 16년째 정부 교섭이 진행되었다고 하니 이제 관례가 된 듯 보였다. 하루 종일 교섭이 진행되었는데, 사안별로 오전에 한 주제, 오후에 두 주제로 진행되었다.

노조 측이 사회를 보고, 이미 요구안이 전달되었는지 정부 해당 부처 담당자들의 설명이 진행된 후 질문과 문제점이 토론되는 방식이었다. 평가에서 교섭 같지 않은 교섭이라고 하였으나 우리의 경험상 정부 관계자가 진행을 하면서 짧은 시간에 적당히 또는 포괄적으로 짚고 넘어가기에 급급한 우리 정부의 태도와는 조금 다른 듯하기도 했으나 역시 본질적으로는 큰 차이가 없어 보였다. 정부에서는 이렇게 하겠다고 하지만 실제로 크게 달라지지는 않았다는 것이다.

개인적으로 한국에서 노사정위원회나 정부 차원의 교섭을 참관한 경험은 없었지만 부산시와의 몇 차례 유사한 자리를 경험한 바로는, 특별한 경우를 제외하고는 교섭이라기보다는 기관장 면담 또는 부서장 면담수준이었으며 지자체의 입장을 듣고 그에 대해 다시 토론하거나 성토하는 경우는 드물었다. 특별한 경우는 화물연대 김동윤 열사 분신으로 인하여 부산시와 교섭했을 때 관계 국장 서너 명이 과장급 몇몇과 함께 참석하고, 노조에서도 몇 사람 참석하여 교섭 같은 것을 해 보았는데, 굳이 비교하면 그런 정도의 수준이었다고 생각된다.

어쨌든 정부 교섭은 부산 지역 입장에서도 지자체 교섭의 상(像)과 목표를 단기적이나마 어느 정도 암시받을 수 있는 부분이 있었다. 문제는 후속조치에 대한 것이 아닐까라는 생각이 들었다.

일본 정부와의 교섭에서 의원들의 태도 역시 매우 진지했다. 한국의 경우 자리만 만들고 인사하고 자리를 뜨기 일쑤인데 반하여 시간이 허락하는 한 시종 진지하게 경청하고 문제점을 짚는 의원(주로 민주당 의원이거나 사민당 의원이었고, 4~5명 수준이었던 것으로 생각됨)들의 모습이 보기 좋았다.

일본의 정부 교섭을 보면서, 우리의 경우 지자체 교섭의 상(像)과 형식에 대해서도 비교하여 검토할 부분이 있어 보였고,

협의가 아니라 교섭의 수준으로 끌어올릴 수 있는 기제는 어떻게 갖추어야 할 것인가에 대한 논의도 필요하겠다는 생각이 들었다.

또한 요구안을 관철할 수 있는 교섭 전략은 어떻게 만들어 가면서 관철시켜야 할지에 대해서도 논의가 필요하다. 사업장 교섭과는 달리 정부 교섭이나 지자체 교섭의 경우에는 실무적 검토만이 아니라 제도적 부분까지 가야 하며, 이는 담당 공무원만의 문제가 아니라서 관철시키는 과정이 복잡하고 장기간 집중하는 것이 필요하기 때문이다. 후속문제 역시 마찬가지다. 여기서 의원의 역할이 무엇인지, 단순히 자리를 만드는 것만으로는 그치지 않을 것 같은데 이 역시 확인할 필요가 있다.

이주노동자 관련 노조 및 단체 방문

이주노동자를 조직하고 있는 노조가 생각보다 많다는 것을 알고 일본의 노동 운동이 다양하게 진행되고 있음을 느꼈다. 상급단체와의 관계는 크게 중요하지 않은 듯하였다. 특히 총평이 무너지고 연합이 어용화되면서 더욱 그런 느낌이 들었는데, 아마도 우리가 방문한 곳이 단위노조여서 더 그럴 가능성이 높다. 사실 우리 노동조합들도 민주노총에 대한 충성도나 집중성은 그렇게 크지 않고, 독자적으로 많은 역할을 하고 있기 때문이다. 다만 민주노총이 대규모 파업이나 투쟁을 전개하여왔기 때문에 상대적으로 많은 관심을 끌었다고 봐야 할 것이다.

1) 가나가와시티유니온

가나가와시티유니온은 우리 일행의 방문에 적극 관여하고 일정도 함께 논의한 곳이다. 그곳의 무라야마 위원장은 아주 독특한 지도자인데 가식이 없고 까다롭지도 않은, 그러면서도 힘든 일을 마다하지 않는 보기 드문 지도자인 것 같았다.

가나가와시티유니온은 우리 일행이 간 날부터 방문하여 저녁식사로 페루식당*에서 1차로 분위기를 맞춘 이후부터 각종 일일행동과 공동행동을 함께하였다. 그러나 제대로 된 브리핑과 간담회는 마지막 날에 이루어졌다. 사실 그 와중에도 이동 중에 무라야마 위원장의 얘기를 들을 기회는 많았고, 가나가와시티유니온에 대한 이야기도 자주 들었다.

가나가와시티유니온은 도쿄 바로 옆에 가와사키시에 있었고, 가와사키 역에서 그리 멀지 않은 곳에 위치하고 있다. 노조 사무실은 좁지만 오랫동안 알려져서 이주노동자들이 찾아오기가 쉬워 사무실을 옮기지 않는다고 한다.

무라야마 위원장은 '상담을 통한 조직화'가 가나가와시티유니온의 특징이라고 말하였다. 이주노동자들이 일본에서 어려움을 당하면 그 어려움을 상담하면서 노조에 가입하고, 노조 가입을 통하여 해당 사업장과 교섭을 통해서 문제를 해결하는

---

* 가나가와시티유니온에서 외부 손님이 오면 안내하는 식당이 있는데 그중 페루식당은 최고대우의 손님에게 안내하는 식당이라고 한다.

방식이라고 하였다.

초반기에는 마리아 어머님이 당시 서기장으로 있던 무라야마 위원장과 직접 다니면서 고도부키쵸의 한국인 노동자들을 상담하고 조직하였다고 한다. 마리아 어머님은 현재도 가나가와시티유니온의 집행위원으로 활동하고 계시고, 우리 일행을 안내하는 이혜진 씨도 유니온의 스태프로 일주일에 하루 노조에 나간다고 하였다. 초반의 가나가와시티유니온은 재일 한국인을 중심으로 조직하였으나 현재는 미등록 이주노동자에 대한 단속이 강화되면서 안정적인 니케이진*이 조직의 중심으로 변화하였다.

무라야마 위원장은 일일행동에서도 우리 일행들에게 보여주기 위해 다양한 활동을 하였다. 운영은 특이한데 먼저 노조의 투쟁에 대해 살펴보자.

노조의 일일행동은 문제가 해결되지 않는 사업장을 중심으로 순회투쟁을 하는데, 주로 참가하는 사람들은 문제가 발생하여 해고된 노동자나 산재로 다친 노동자 등이었으며 그 외에도 집행위원이나 스태프들도 참가하였다.

대략 3~40여 명이 참가한다고 하는데, 모두들 아침에 가와사키 역에서 집결하여 위원장 또는 서기장이나 집행위원을 중심으로 일일행동을 위한 순회투쟁에 들어가는데 지하철 비용

---

* 니케이진은 남미에서 건너온 일본인 2세, 3세를 일컫는다. 이들에게는 특별 재류허가를 하여 니케이진은 대부분 합법신분이어서 노조활동도 안정적으로 할 수 있는 조건이다.

과 점심식사, 저녁식사 등 일체의 비용을 노조에서 부담하였다. 그리고 일일행동에 잘 참여하지 않으면 문제가 있는 사업장일지라도 해당 노동자의 사업장은 뒤로 밀린다고 하였다. 권리와 실천의무를 연계시키는 방식이라고 할 수 있다. 일본노동운동에서 상당한 수준의 동원력이 있는 조직이기도 하였다.

무라야마 위원장은 가나가와시티유니온에 특별한 의미를 부여하는데, 가나가와시티유니온이 가와사키 시에 있어 유리한 조건도 얘기해주었다. 도쿄 소재 일본의회와 수상 관저까지 이동시간이 30분 정도밖에 걸리지 않기 때문에 법안 개악 저지나 집회 시 조직을 쉽게 동원할 수 있는 장점이 있다는 것이다.

우리의 경우 상담소는 세 군데 설치하고 있지만 바로 조직화를 하기보다는 노조 설립 상담의 경우 조직화로 이어지지만 근기법이나 해고 등의 법률상담은 조직화로 이어지기 어려운 구조이다. 개별사안이기 때문이기도 하지만, 가나가와시티유니온처럼 한 사람이 와도 노조가입을 시키고 교섭을 추진 할 수 있는 조직 활동 방식이 다르기 때문이라고 볼 수 있다.

산별노조가 개별가입을 전제로 해야 기업별 단위의 관성을 극복할 수 있다고 지금까지 생각해왔는데, 가나가와시티유니온과 같은 사업방식이 필요한 것 같았다. 자신의 권리를 찾기 위해 노조에 가입하고, 조직적으로 교섭을 통해 문제해결과 이후 노동자로서의 삶을 살 수 있는 통로를 만들 필요가 있을 것 같았다.

가나가와시티유니온은 집회도 아주 재미있고 활력이 넘쳤

다. 지겨운 연설은 별로 하지 않고 노래를 통해 힘을 주고자 하는 조직이었다. 남미의 니케이진들은 남미의 투쟁가를 힘차게 불러서, 그리고 우리들에게는 한국 노동가를 주문하여 힘을 주라고 한다. 이제 재일 한국인 노동자들은 노조의 주역이 되지 않고, 투쟁가를 부르는 재일 한국인 노동자는 없는 듯하다.

2) 도쿄일반 남부노조

도쿄일반 남부노조의 전체 조합원은 약 2,500명인데 그중 이주노동자는 500여 명으로 주로 어학강사들을 조직하고 있다. 캐나다, 미국, 영국 출신 어학강사가 다수를 차지하고 있다. 도쿄일반 남부노조는 오키나와 미군기지 철수운동에도 참여하는데 매년 5월 15일을 전후로 오키나와 평화행진에 참가하고 있다고 하였다.

70년대부터 조직된 도쿄남부노조는 노동비자가 있는 조합원이 90%이고, 나머지는 관광비자라고 하였다. 70년대 후반부터 영어학원 열풍이 불면서 강사 수요가 증가하였고, 현재는 불경기라고 하였다. 작년에 NOVA라는 영어학원이 부도 나면서 비자기간이 만료되어 고용 불안이 가중되었다고 한다. NOVA는 일본에서 가장 큰 어학원인데, 강사가 약 3,000명이고 학생 수는 30만 명에 달했다고 한다.

일본에 있는 어학 관계 외국인 강사는 5만 명 정도이고, 동경과 오사카를 중심으로 약 1,000명 정도가 조직되어 있다고 하였다. 이들은 유기비자에 따른 유기계약으로 고용불안 문제와 건강보험문제가 최근 쟁점이라고 하였다.

도쿄남부노조의 지부조직은 70개 정도가 되는데 지부에는 3명부터 400명까지 있어 상당히 다양한 조직구조를 가지고 있음을 알 수 있었다. 집행위원은 약 20명 정도인데 그중 이주노동자는 4명이라고 하였다.

서기장이 50대의 여성이고, 위원장은 일본 노동운동의 1세대라고 하는데 상근을 하고 계신다. 그 외에도 이주노동자인 루이스 칼렛이 상근하고 있다고 하였다. 서기장이 아주 대단한 여성이었는데, 선거를 통해 전(前) 서기장을 이겨서 현재 서기장이 되었다고 한다. 일본에서는 큰 과오가 없으면 잘 교체하지 않는 문화적 전통이 있는데 이를 바꾸었으니 앞의 서기장이 잘못하기도 하였겠지만 과감하게 선거에 도전하였기 때문에 가능했다고 한다.

3) 젠토우츠(전통일) 노동조합

젠토우츠노조의 서기장은 토리라는 사람인데, 역시 독특하였다. 나이는 역시 50대 후반이었으나 현장 조합원 중심의 활동보다는 정치적이고 상층 조직에 능숙한 사람 같아 보였다. 우리가 노조를 방문하였을 때 마침 독일에서 다큐를 찍으러 왔는데 우리 일행이 엑스트라 역할을 해주게 되었다. 토리는 언론관계, 그리고 의회 의원관계 등에 대해 다른 지도자들보다 좀 더 관심이 많은 듯하였다.

젠토우츠에는 주로 미등록 노동자들과 연수생들이 많이 조직되어 있었다. 미등록 노동자의 경우 단속 강화와 강제 출국 등으로 조직은 축소되는 상황인데 반하여 연수생들의 조직화로 젠토우츠노조의 중심이 이동하였다고 한다. 연수생의 경우 3년 유기계약이고 이후 돌아가야 하는데 노조로 조직할 경우 조직기반이 불안정하지 않느냐는 질문에 어차피 계약직 노동자가 늘어나고 있고 계약직 노동자 역시 유기계약이므로 연수생과 조건상 다를 바 없다는 입장이어서 조직해야 한다는 강한 의지를 보였다.

노조 조합원은 약 2,600명 정도이고 일본인 노동자가 많이 차지하고 있다고 한다. 이주노동자는 미등록 및 연수생들이어서 일본인 노동자들의 조합비가 이주노동자들에게 많이 쓰인다고 하였고, 이로 인하여 일본인 조합원들에게 비판을 받는다고 하지만 여담같이 들렸다.

젠토우츠노조 이주노동자 조합원들은 인도(30%)와 파키스탄(20%), 방글라데시(17%), 중국(10%), 스리랑카, 기니아, 필리핀, 이란, 나이지리아, 기타로 구성되어 있다고 하는데, 연수를 마친 이들은 본국에서도 한 번씩 전화가 온다고 자랑하였다.

젠토우츠의 위원장은 대학교수라고 하였는데, 이른바 형식적인 지위 같았고 토리상이 핵심적 역할을 맡고 있는 듯하였다. 가나가와시티유니온은 서기장보다 위원장이 주도하였는데, 도쿄남부의 경우 여성 서기장이 노조의 주도권을 확실히 쥐고 있는 것 같았다. 이에 비해 가나가와시티유니온의 서기장은 무라야마 위원장과 같은 세대이고 능력이 있으니 위원장이

주도하는 것을 당연시하고 있었다.

4) A.P.F.S

A.P.F.S는 1987년 12월에 설립되었는데 단체로부터 출발하였다. A.P.F.S가 이주노동자들을 지원하게 된 계기는 창립멤버 중의 한 명이 방글라데시 사람을 만나 그 집을 방문하여 상담하면서 이주노동자에 대한 지원이 필요하다는 인식을 하게 되면서부터였다고 한다.

따라서 A.P.F.S는 이주노동자 지원단체 중에서 비교적 빨리 만들어지게 되었다. 주된 활동은 상담과 다문화공생활동인데, 다문화공생활동은 이벤트 형식으로 하면서 재정 등은 행정기관에 요구한다고 하였다. A.P.F.S는 노동상담을 해도 교섭권이 없는 것에 한계를 느끼게 되어 2007년 가을 노조를 결성하게 되었다고 한다.

노동상담과 교섭으로 이어지는 일본의 상담시스템은 우리로서는 다시 검토해볼 만한 것으로 보인다. 우리의 경우 노동청에 진정하는 것을 지원하거나 지노위에 부당해고나 부당정직구제신청을 도와주는 등 일회성인데 반하여 상담기관이 노조가 되어 조직한 다음에 사용자와 교섭을 하게 되면 더 효율적일 수 있는데, 문제는 교섭을 누가 들어가느냐 하는 문제가 남을 것이다.

그 외에는 조직화에 대해 적극적인 태도를 가지게 되고, 상담을 하는 노동자도 새롭게 결합할 수 있는 방법이 생길 수 있다는 점이다. 다만 지금은 단위사업장 내 복수노조 설립이 제한되어 있는 문제가 있지만 지역노조의 경우에는 다른 판결이 나왔으므로 검토해볼 만한 가치가 있다. 특히 외국인 노동자 인권모임의 경우에는 나라별 공동체 형태로 조직이 어느 정도 갖추어져 있고, 이주노동자와 신뢰도 높은 상태이므로 외노가 바로 노조로 전환하는 것도 검토해볼 만하다는 생각이 든다. 민주노총 부산본부가 처음부터 이주노동자와 관계를 가져서 조직하는 것보다 외노가 조직의 주체가 되고 민주노총이 지원하는 것도 결코 나쁘지 않을 것 같다는 생각이 들었다.

5) 조직화의 주체

일본의 이주노동자 조직은 모두 이주노동자들로만 조직되어 있는 것은 아니었다. 일반노조 형태의 조직에 이주노동자들이 함께 조직되고 있고, 그 노조들은 이주노동자 조직에 큰 관심을 가지고 함께 연대하고 있었다. 또한 위원장과 서기장들은 대부분 일본인들이었는데(현재 A.P.F.S의 서기장은 네팔 이주노동자이다), 한국의 평등노조 이주지부의 경우에는 지부장이 이주노동자가 되어 추방되기도 하였다는 점에서 성서공단노조의 사례와 비슷했다. 조직의 주체 형성 문제에 대한 대안이 필요하겠지만 장점이 더 많은 것 같다.

6) 과제별 노조

일본 노동 운동의 특징 중 하나는 과제별 노조도 있다는 점이다. 대표적으로는 아스베스토 노조가 그 사례인데, 아스베스토 노조의 위원장은 재일 한국인 2세다. 그는 가나가와시티유니온의 멤버이기도 하면서 아스베스토노조의 위원장인 셈이다. 아스베스토는 석면을 이르는 말로 석면 피해자가 조직대상인 셈이고, 석면 피해 해결이 조직의 과제가 아닐까 생각되었다. 그리고 왜 그런 노조가 만들어졌을까에 대해서는 역시 교섭권에 생각이 미쳤다. 충분하게 대화를 하지 못해 상세하게 알아보지는 못하였지만……

가나가와시티유니온의 무라야마 위원장도 다양한 형태의 조직화가 필요하다고 얘기하였다. 현재 부산에서도 연산동과 구평동에 석면 피해로 인한 활동들이 전개되고 있는데 주로 환경운동연합이 주도하고 있으며, 민주노총 부산본부는 관심 밖의 일이고 정상래 노안국장이 개인적으로 결합하는 수준일 것이다.

7) 미나또마치

미나또마치는 이주노동자를 위한 진료기관이다. 미나또마치는 가나가와현 의료생활협동조합에서 운영하고 있고, 미나또마치와 같은 진료기관은 두 곳 더 있다고 한다. 미나또마치는 요코하마 항만노동자를 진료하기 위해 만들어졌는데 20년 전부터 이주노동자의 수요가 많아지고 있다고 한다. 의료생협 조직인 미나또마치에 대해 좀 더 상세하게 알고 싶었으나 시간 관계로 충분하게 견학하지 못하였다.

기타 방문기관

1) 가와사키 시청 청소지부

이주노동자 관련 조직과 달리 그 외에 방문한 조직은 가와사키 시청 직원노조 청소지부의 방문이다. 청소지부는 무라야마 위원장의 권유로 방문을 하게 되었는데 왜 추천했는지 지금도 확실하게 알 수 없다. 다만 청소지부와 부산지역 일반노조 등이 서로 연대할 수 있으면 좋겠다는 생각에 일반노조에 대한 소개를 하였다. 그리고 그곳의 활동가들과 술자리를 가졌는데 좋은 분위기였다. 그 지부도 공동행동에 참가하는 등 진보적 행보를 하는 것을 보아 무라야마 위원장이 연대의 활성화를 위해 마련한 것이 아니었을까 생각되었다.

2) 고도부키쵸의 노숙인 지원센터

고도부키쵸는 재일 한국인들의 눈물이 배어 있는 곳이라는 생각이 들었다. 영화 제13구역의 초보적 수준 같기도 하였다. 도심 속의 소외지역이자 일본 정부(특히 경찰이나 법무성)의 보호관찰지역 같아 보였다. 그곳에는 1평에서 1.5평 사이의 작은 방에 미등록외국인 신분으로 돈을 벌기 위해 일본에 체류하고 있는 한국인들이 많다고 하였다.

하도 많이 단속되기 때문에 우리는 집 안에 들어가지는 못하였다. 그곳에서 활동하고 계시는 분의 얘기 속에는 오랫동안

활동하면서 지친 모습이 투영되기도 하였다. 자신 역시 그 활동을 하면서 부인에게 이혼당하고, 이제는 운동에 대한 전망도 가지지 못하고 60이 다 되어 이주노동자와 노숙인들을 지원하고 있는 모습은 스스로도 노숙인이 되어가는 듯하였다. 그분도 진보적인 노동조합의 조합원이다. 집회에서 만났다.

고도부키쵸는 가족과 오랫동안 헤어져 이제는 돈 버는 도구로서의 의미만 가지는 이주노동자의 비애가 가장 많이 담겨진 곳이다. 그렇게 한평생 가족을 위해 돈 벌어주면서 자신은 타국 땅에서 쓸쓸히 생을 마감하는 사람도 적지 않다고 한다. 늙은 활동가와 그들 이주민의 삶에 대한 얘기를 들으니 왠지 슬퍼졌다. 우리의 장래 모습은 아닐까?

3) 가와사키 시청의 공무원 오다기리 씨

이미 많은 보고서에서 소개가 된 오다기리 씨는 모두가 감동받을 만큼 모범적인 공무원 활동가다. 밝은 모습과 세련된 태도, 그리고 뛰어난 한국어 실력은 우리가 본받을 만하였다. 상대로 하여금 상쾌하게 느끼도록 해주고 관심을 가져주고 주민을 위해 봉사하는 진보적 성향의 공무원이었다. 이제는 가와사키 시청직원노조 시민국 지부의 서기장까지 맡아서 너무 바빠 보였다. 한 시간의 만남이었지만 그에게서 배울 점이 너무 많았다.

가나가와시티유니온의 교섭과 일일행동

무라야마 위원장이 우리를 위해 배려한 것은 하루 종일 교섭일정을 잡아준 것이다. 가와사키 시청이 운영하는 회의실을 교섭 장소로 선정하여 아침부터 차례로 교섭대상인 회사의 사용자 측이 와서 교섭을 하는 모습은 일본 노사문화의 한 단면이었다.

교섭에 나서고 싶지 않겠지만 나오지 않으면 일일행동에 들어가 회사 이미지가 나빠진다고 생각해서 교섭에 나오게 된다고 하였다. 한국의 자본가들은 그냥 무시하고 할 테면 해보라는 식이 많은데 일본은 아직 체면을 생각하는구나 싶었다. 그래서 일일행동과 교섭이 의미가 있었다. 물론 교섭도 잘 나오지 않아서 일일행동을 하는 경우에 무라야마 위원장은 해당 노동자들에게 이 싸움은 한 10년을 해야겠다고 말하기도 할 만큼 해결이 쉽지 않은 것도 있다고 하였다.

악질 자본가들에 대해 우리는 모든 것을 단기간에 쏟아 붓는 경향이 강하고 그러다가 쉽게 지치기도 하는데, 일본은 일일행동을 통해 장기간 투쟁을 하는 방식이었다. 일일행동은 하루 종일 이어졌다.

그 외에도 일일행동의 일정 중에는 국철해고자 지원투쟁도 있었고, 이주노동자 결의대회나 춘투를 위한 결의대회 같은 야간집회와 행진도 있었다. 일본은 야간집회와 행진도 허용되었다. 많은 수가 모이지는 않았지만 참가자들은 지겨워하지 않고 오랜 시간을 끝까지 이탈 없이 잘 따라주는 것 같았다. 집회에서부터 빗줄기가 심상치도 않은데도 계속할 뿐만 아니라 폭우로 변해 온몸이 다 젖는데도 행진은 그대로 하였다. 우리는 그랬다가는 조합원들이 모두 이탈할 텐데……. 일본 참가자들은 소수지만 끝까지 집회와 시위를 함께하였다.

마무리

8박 9일간의 일정은 생각보다 빡빡하였다. 순간순간 여유도 있었고 그래서 짧은 시간 관광도 하였지만 전체적으로는 빠듯한 것 같았다.

아직도 일본의 노동운동에 대해 충분하게 이해하고 있다고 보기는 어렵다. '장님 코끼리 다리 만지는 격'이었다. 극히 일부인 일종의 투쟁성이 있는 노동조합만 본 것일지도 모른다. 철도노조의 일본방문단은 나보다 며칠 앞서 3박 4일로 JR철도노조를 방문하고 왔는데, 얘기를 해보니 완전히 딴판이었다. 이를테면 우리 일행은 일본사회에서 거의 가장 밑바닥에서 살고 있는 이들의 노동 운동과 삶을 보고 온 것 같았다.

민주노총도 상당한 수준으로 관료화가 진행되고 있다. 보다 더 낮은 곳에 있는 노동자들을 조직하기 위해 많은 사고의 전환이 필요한 것 같다. 여행이 끝난 이후 우리 일행은 시간을 내기조차 어려울 정도로 바빴을 것이다. 그리고 다시 일상으로 빠르게 돌아와서 적응하고 있을 것이다. 새로운 발상과 사고의 전환을 고민할 틈새도 없이…….

살아 숨 쉬는 운동을 만들기 위한 노력은 목적의식적이지 않으면 안 될 것 같다. 한 사람 한 사람이 자신의 활동을 돌아볼 수 있도록 모두가 배려해야 가능할 것이다. 알아서 한다는 것은 기존의 관성을 방치하자는 얘기에 불과할지도 모른다. 조만간 여유를 찾아서 함께 연수의 경험을 정리할 수 있으면 좋겠다. 일본에 있는 마리아 어머님과 이혜진 씨에게 다시 한 번 더 감사드린다.

노동자생협운동의 의의와 실천 방향

1. 노동자생협운동의 의의와 목적

『녹색평론』 2010년 1~2월 합본호에서 노동자생협에 대하여 정리한 바 있다. 그러나 여전히 노동자생협이라고 하면 생산자협동조합으로 오해할 가능성이 있기 때문에 다시 한번 강조하자면 노동자생협은 노동자가 중심이 된 소비자생협이다.

노동운동은 노동자정당과 노동조합을 통하여 노동자의 권익신장은 말할 것도 없고, 노동자계급의 정치·경제·사회적 지위향상과 자본주의의 무한경쟁체제를 극복하고 궁극적으로 노동자계급 중심의 새로운 사회질서를 만들어내는 것을 지향하여왔다.

그러나 오늘날 노동조합운동은 이러한 자본주의의 새로운 대안으로서 새로운 사회건설에 쉽게 다가서지 못하고 있을 뿐만 아니라 노동운동 자체의 위기가 심화되고 있다는 문제의식이 깊어지고 있다.

소비자생협으로서 노동자생협운동이 제기된 것도 이러한 노동운동의 위기 상황이 배경이 되었다. 따라서 현재 노동조합운동의 한계 또는 위기의 내용과 그것을 극복하고자 하는 다양한 실천 중의 하나인 생협을 만들고자 하는 의의를 짚어보고자 한다.

먼저 노동자생협이 가지는 가장 중요한 의의는 노동자의식 또는 공동체 의식을 강화하기 위한 것이다.

생산자로서 노동자들은 자본의 착취와 차별을 겪어왔고, 이에 대항하여 노동조합운동을 그것도 어용적 방식이 아닌 민주 노조운동을 지향해왔다. 그러나 현재 노동자들의 의식은 과거 1880년대 후반과 1990년대 형성되어왔던 노동자 계급의식으로부터 상당히 후퇴하고 있다고 해도 과언이 아니다.

특히 임금인상과 단체협약의 확보를 통해 생활의 개선이 상당히 이루어지고 난 다음에는 비정규직의 문제도 자신의 문제라고 하는 의식이 약화되어왔으며, 자녀들에 대한 사교육문제, 그리고 소비생활에서도 재벌 대기업의 상품에 대해 무의식적인 소비생활이 조합원으로서의 의식을 약화시키고 일반적 소시민으로서의 특징이 더욱 강화되어왔다. 그리고 노동조합을 통해 가족과 함께 공동체적 삶을 지향하기보다는 개별적 삶의 윤택에 더 많은 관심과 투자를 해오면서 노조간부직을 회피하는 경향까지 나타나고, 연대의식은 약화되어왔다. 그것은 결국 민주노조운동의 약화로 귀결되었고, 진보정치의 발전과 진보 정당을 노동자계급이 강력하게 뒷받침하지 못하는 결과로 귀결되었다.

따라서 노동조합운동을 강화시키는 것이 주요한 과제가 되었고, 이는 총연맹 · 산별노조 · 지역본부 · 단위노조 등이 혁신적으로 추진해야 할 사안이 되었다.

여기에서 노동자생협은 노동자이지만 자본주의적 소비생활을 통해 소시민화되어 있는 의식을 공동체적 의식으로 바꾸고, 가족들에게도 함께 생활을 바꿀 수 있는 하나의 기제로서, 생활협동조합운동을 만들어 건강하고 공동체적 생활을 통해 지역주민들과 노동자(및 가족)들이 결합해가면서 의식 개혁을 추진하고자 한 것이다.

두 번째 의의는 노동조합운동의 지평을 넓히고자 하는 것이다. 현재 노동조합운동은 신자유주의 반대, 비정규직 철폐, 산별노조의 건설과 산별교섭, 그리고 노동자정치세력화를 위한 진보정치운동 등이 주요한 의제이다. 그러나 산별노조운동과 노동자정치세력화는 이제 10년이 넘어가지만 기대만큼 부응하지 못하고 있다. 신자유주의 반대와 비정규직 철폐 투쟁은 갈수록 신자유주의가 심화되고 비정규직이 확대되는 쪽으로 역행되고 있다.

이는 정권의 노동운동에 대한 탄압과 보수적 운동이 너무 강력해서 그럴 수도 있지만, 운동주체의 책임도 결코 자유롭지 못하다. 특히 대중조직으로서 민주노총의 역할을 제대로 하지 못한 데에서 많은 이유를 찾아야 할 것이다.

그중에서 민주노총 각 지역본부는 제 위상을 찾아내지 못하고, 민주노총의 집행기구로서 단선화되어왔으며, 또 한편으로는 산별노조의 보조적 역할을 강요받아왔다. 그러면서도 지역에서는 다양한 정치 · 경제 · 사회적 연대운동을 주도하여왔고,

지역운동의 중심으로서 역할을 하였다. 그러나 민주노총 지역
본부의 가맹조직 위주의 사업 틀을 가지고는 다양한 지역 민
중의 요구를 수렴하기에는 역부족인 면이 많았다.

민주노총을 전반적으로 평가하면 결과적으로 비정규직이나
이주노동자, 청년실업자 등 다양한 노동자들의 요구에 바탕하
지 못하였고, 기층 조합원 중심의 이해 대변자 역할을 넘어서
는 데 한계로 인식되고 있다.

따라서 정규직이 대다수인 민주노총 부산본부는 노동자생
협을 통해 조합원 대상을 민주노총조합원뿐만 아니라 지역노
동자들, 지역주민들까지 확대함으로서 노동운동과 지역의 연
대를 구현하고자 하는 것이다.

셋째, 자본주의적 경제관계가 아닌 새로운 사회적 경제관계
를 직접 체험할 수 있는 계기를 만드는 것이 중요하다는 것이
다. 노동자생협을 통하여 생산자와 소비자가 만나고, 최저가가
아닌 적정가격을 통하여 생산자와 소비자가 공생하면서 경쟁
이 아닌 협동과 공동체를 통해 운영되는 사회적 관계의 경험이
이후 새로운 사회를 만들어가는 노동운동의 지향점으로 공감
대를 형성할 수 있다고 보았고, 이를 단초적이나마 경험하면서
대안사회를 지향하는 것이 바람직하다고 보았다. 이러한 과정
조차도 노동운동의 연장선으로 보았다.

결론적으로 현재 노동운동이 가지는 한계를 극복하기 위해
서는 총연맹의 지침만을 수행하는 수동적 운동이 아니라 민주
노총 부산지역본부가 직접 조합원들과 대면하고, 명분과 당위

가 아니라 현실에서 공감하면서 가야 할 필요가 있었고, 그 기제로서 노동자생협이 하나의 역할을 할 수 있을 것이라는 목적이 있었다. 일반 시민들에게조차 이해하기 어려운 반대투쟁과 저지투쟁만이 아니라 생산적으로 서로 협동하고 가치를 만들어내는 창조적 사업을 생협을 통해 가족의 먹을거리를 가지고 생활 속에서 직접 만나고, 생협 운영을 통해 우리 스스로의 자치능력을 검증받고 신뢰를 만들어가기 위한 과정을 만들자는 것이다. 그러면서 민주노총 조합원들이 지역 속에서 자리 잡고, 올바른 문화와 의식을 함께 만들어가고자 하는 것이다.

2. 부산노동자생협의 현황과 성과

부산노동자생협은 2008년부터 준비가 되어 2009년 9월에 창립하였다. 이제 1년이 넘게 운영되고 있는 셈이다.

현재 부산노동자생협은 민주노총 부산본부가 위탁운영하고 있는 부산 범일동 소재 노동복지회관의 1층 약 24평의 공간에 자리 잡고 있다. 그곳에서 사무실과 매장과 창고가 함께 있다. 일종의 창고형 매장이라고 하는 표현이 적당할 것이다. 유명한 아이쿱생협의 자연드림 매장과는 비교할 수 없을 정도로 열악하다.

부산노동자생협의 현황을 외형적인 부분에서 살펴보자.

먼저, 조합원 수는 현재 455명에 이르고 있다. 민주노총 부산본부 소속의 조합원 수가 약 4만여 명에 달하고 있는 점에 비추어 보면 1% 수준에도 미치지 못하는 규모다.* 조합원 수 기준으로 하면 현재로서는 소규모 생협이다. 그리고 과거 지역의 다른 생협의 경험으로 비교하면 1년 만의 엄청난 성장이기도 하다. 그러나 당초 노동자생협의 계획은 1년 내에 1천 명을 돌파하는 것이었기 때문에 목표에 한참 미달하고 있다.

그리고 매출은 월평균 약 2,500만 원 정도에 머물고 있다. 3명의 상근활동가 임금과 운영경비를 계산하면 지속적으로 적자 상태이다.** 물론 과거 지역생협과 비교하면 역시 빠른 발전이라고 할 수 있을지 모르지만, 목표에 비하면 한참 미달하고 있다.

조합원들의 이용률은 얼마나 되고 있는가? 유감스럽게도 일반 지역생협과 비교하면 충성도가 높지 않은 편이다. 약 40% 내외만이 이용하고 있다.

이 적자들은 어떻게 해결되고 있을까? 이는 조합원들의 출자금이 잠식되고 있기도 하고, 생산자들에게 대금지불이 지연되는 형태로도 나타나고 있다. 다만 주요 생산자들이 노동자생협의 전망에 동의를 하고 신뢰하고 있기 때문에 아무런 담보 없이 고통을 함께 분담하면서 지켜보고 있는 것이다. 앞으로 해결해야 할 과제이기도 하다.

---

* 현재 부산노동자생협의 조합원 수는 455명이지만, 민주노총 조합원의 경우는 330명 정도이다.

** 영업이익률은 약 18% 정도이지만 여기서는 경영상의 현황이 중요하지 않으므로 상세한 언급은 피하는 것으로 한다.

노동자생협 역시 경제조직이기 때문에 일단 경제적 지표는 불안한 상황이다. 그리고 당장 이 적자구조를 해결할 수는 없다. 시간이 필요하다.

다음으로 노동자생협은 경제조직만의 의미가 아니므로 활동조직으로서의 성장은 어떻게 되고 있는가에 대하여 살펴보자.

이 점과 관련해서는 현장 노동자들이 생협 조합원이 되고 있다는 사실 외에는 특별히 진행된 것이 없다. 그리고 그 점에서의 성과는 생협이 잘되어야 한다는 우려와 걱정도 함께 해주고 있으면서 나름대로 열심히 이용하는 조합원들이 조금씩 늘어나고 있다는 점이다. 이것도 하나의 자산이고, 변화이기도 하다. 그러나 우리가 계획했던 현장 내 생협모임, 그리고 노동조합원들과 가족들이 중심이 되는 지역모임, 그 외에도 자녀들과 함께할 수 있는 프로그램 등은 여전히 제대로 준비하지 못하고 있다.

다시 말하면 소비자로서 노동자계급이 공동체운동을 하고 지역운동과 결합하는 노동자생협의 활동은 아직까지 찾아보기 어렵다. 하지만 노동자생협이 활동을 시작하고 민주노총의 조합원가족들의 참여와 이용이 늘어나면서 그동안 민주노총의 운동과는 완전히 격리되어 있던 민주노총 조합원가족과 지역민들이(소수지만) 노동진영과 소통하고, 지금까지와는 전혀 다른 소비를 경험한다는 것은, 비록 그 규모가 아직은 작지만 생협운동의 의의를 실감할 수 있게 한다.

3. 부산노동자생협의 한계

노동자생협의 목표를 실현하는 데서 가장 큰 어려움은 역시 주체의 한계라고 해야 할 것이다. 노동자생협에 대한 제안은 2006년에 처음으로 제안되었다. 그리고 그것은 2008년이 되어서야 비로소 조그마한 준비모임을 만들 수 있었다. 준비 과정이 길었는데 가장 큰 어려움은 생협에 대한 상을 함께 만드는 과정이었다고 할 수 있다. 지역생협의 조합원으로서 경험을 가지고 있는 주체들과 노동조합의 조직적 운동 경험을 가진 활동가들이 하나의 생협에 대한 상을 만들어내는 과정은 대단히 어려웠다. 특히 자체물류에 기반한 지역생협이냐 아니면 전국 물류에 의존할 수 있는 아이쿱의 지역생협으로 할 것인가를 가지고 약 2개월 동안 논의를 끌기도 했다.

이 주체의 문제는 부산노동자생협의 특수한 문제일 수도 있으므로 보편적인 문제로 판단하기에는 무리가 있을 수도 있다. 그리고 이 한계는 현장에서의 활동가 발굴과 여전히 건강하게 살고 있는 가족들 속에서의 자원활동가 발굴을 통해 극복해야 할 것이다.

두 번째 어려움은 노동조합운동의 관성이 쉽게 바뀌지 않고 있다는 점이다. 지역본부 사무처를 비롯하여 지역 내 각 산별(연맹)의 집행책임자로 구성된 지역본부 집행위원회, 지역 내 산별조직별로 대표성 있게 구성된 운영위원회, 그리고 지역본부 대의원대회까지 설명회를 가지고 의결도 거쳤지만 심도 있는 논의가 되지 않고, 좋은 뜻이니까 동의하는 수준으로 의결하는 과정이었다는 점이다. 마치 현재 민주노총 전반에 걸쳐 문제가 되고 있는 의결과 집행이 일체화되지 않고 있는 것이 여기서도 그대로 나타났던 것이다. 지역본부의 운동도 역시 아래로부터 자발적인 운동이 되지 않고 있는 증거이기도 하였다.

왜 그럴까? 다수의 노조활동가*들은 노동자생협운동의 의의에 대해 동의를 하지 못하고 있거나 계급운동이 아니라고 생각하고 있는 데 연유하고, 그리고 일부의 활동가들은 노동자 생협이 가지는 의의와 당위성에는 동의하지만, 노동조합운동과 생협운동의 결합에 대한 상을 그리지 못하고 있기도 하다. 이는 상당한 수의 활동가들이 관성적으로 해오던 노조업무로부터 벗어날 기회가 없어 운동의 현실을 진단하고 대안을 찾을 만한 여유를 가지지 못하고 있기 때문이기도 하고, 또는 현재 벌어지는 일도 벅찬데 왜 새로운 일을 만드는가라는 불만으로도 여기고 있기 때문이라는 것이 일반적 진단이다.**

따라서 초기업단위의 노조활동가들이 생협을 바라보는 데는 여전히 거리를 두고 있으며, 주어진 활동의 틀에 많이 갇혀 있는 반면, 상대적으로 여유가 있는 현장 간부나 조합원들은 상대적으로 정보가 부족하기 때문에 생협운동에 제대로 접근

---

* 여기서의 활동가들은 초기업노조의 활동가들, 즉 지역본부, 산별노조의 지역조직 등의 활동가들을 의미하며, 다수의 노조 대표자들의 경우에도 크게 다르지 않다.

** 정확한 설문조사를 하지 않았으나 지역본부와 산별단위 노조활동가들과 면담에서 대체적인 의견으로 제시된 것이다.

하지 못하고 있는 것으로 보인다. 비록 소수이지만 일부는 스스로가 생협을 찾기도 한다.

결국 생협의 조합원 확보는 다시 생협활동가들이 현장 지도부를 설득하여 단위노조의 간부모임이나 조합원 교육시간에 짬을 내어 소개하는 과정에서 만들어져갔다. 아무것도 없던 지역생협에 비하면 그나마도 엄청난 조직적 기반이었을 것이다. 오히려 현장의 활동가들이 생협에 동의하고, 지원을 아끼지 않은 경우가 더 많았다. 그들은 자신들의 활동조건 때문에 적극적인 생협활동가가 되지 못하였지만 진심으로 이해하고 기꺼이 생협의 조합원이 되어 가족들과 함께 생협을 이용하는 조합원이 되었다. 그리고 주변에도 홍보하고 보이지 않게 생협에 도움이 되고 있다. 이들이야말로 생협의 큰 자산이기도 하다.

세 번째 고충은 생협의 이미지다. 여전히 생협은 안전하고 건강한 유기농산물을 취급하고 있어서 가격이 비싸다는 이미지를 가지고 있다. 생협이 가지고 있는 공동체운동의 성격보다는 유기농 이미지가 강한 데 대한 노조활동가들의 거부감이 존재하고 있다. 그리고 노동운동이 계급운동인 데 반해 생협운동은 지역주민운동이라는 관점이 생협운동이 노동운동과 잘 매칭이 되지 않는 이유이기도 하다. 또한 노동자생협이 유기농 중심이 아닌 일반적인 노동자의 생활수준에 맞는 생협을 어떻게 만들 것인가에 대한 고민도 하나의 과제이다.

그런 어려움에도 노동자생협은 민주노조운동이 지향하는 신자유주의 반대운동을 생활 속에서 보다 쉽게 설득해나가는 것이 가능하다. 말로만 하는 어려운 유인물보다는 가족의 먹거리를 통해서, 소비자들의 소비문화와 유통과정에 대해서 쉽게 문제점을 짚을 수 있고, 생활 속에서 작은 실천을 해나갈 수 있는 기제가 된다. 그리고 쇠고기 파동과 각종 식품안전문제가 언론에 보도될 때마다 그 대안으로서 생협이 소개되고 확대되는 과정은 이러한 측면을 점차 해소시켜가고 있기도 하다. 이제 지역에서도 다수의 활동가들은 생협의 존재에 대해 큰 문제를 삼지 않고 있다. 그리고 이용자들도 하나둘씩 늘어나고 있다. 본격적이고 일상적인 이용은 하지 않고 있지만 때때로 진행되는 특판 사업*을 통하여 전 조합원에게 알려나가고 있다. 또한 일반인 중에서도 노동조합운동에 호의적인 사람들은 노동자생협에 가입을 주저하지 않고 참여하고 이용하면서 일반 조합원들도 늘어나고 있는 추세다.

4. 노동자생협의 전망과 과제

노동자생협은 아직까지 자립기반이 만들어지지 않은 상태이므로 다양한 활동의 경험을 가지고 있지 못하다. 따라서 노동자생협은 현재로서는 운동적 의미를 평가하기에는 이르다. 그러나 몇 가지 면에서 노동자생협은 의미 있는 시도를 하고

---

* 특판 사업은 생협조합원에만 한정하지 않고 민주노총 조합원 모두에게 홍보하고 판매하는 사업으로 2009년에는 햅쌀 출하 시 햅쌀 특판과 김장철 절임배추 특판이 대표적인 사례다. 2010년에도 무농약 배추로 담근 김장 특판을 진행했다.

있다고 평가할 수 있다.

그중 하나가 노조운동의 다양성을 보여주고 있다는 사실이다. 조합원과 가족들에게 집회나 시위, 반대투쟁만이 아니라 생활적으로 다가가고 있다는 점이다. 비록 적은 수의 조합원이지만, 민주노총이라는 조직단위에서 조합원 가정의 나름대로 양질의 먹을거리를 제공하고 있다는 사실부터가 이전의 모습과는 다르다. 연동해서 조합원만이 아니라 시민사회에서도 민주노조운동이 더 다양하게 진화하고 있다는 평가다. 지역의 생협조직들은 말할 것도 없고, 노동자생협을 알고 있는 시민들에게는 노동자생협이 관심거리가 되고 있다.

그리고 또 다른 하나는 조직적 의미가 전혀 없지 않다는 점을 생협사업으로부터 확인되고 있다는 것이다. 예를 들면, 김장철 절임배추 공급사업의 경우 15년에서 20년이 된 지역생협에서도 절임배추가 1,000포기에서 1,500포기 정도가 공급되는데, 노동자생협에서는 2009년에는 6,000포기, 2010년에는 거의 9,000포기가 주문되었다.

2010년 배추를 공급하고 있는 해남의 생산자는 서울한살림과 부산한살림에 오랫동안 배추를 공급하고 있었고, 노동자생협이 배추공급을 요청하자 즉시 도움을 주었다. 노동자생협이 이제 갓 1년이 되었지만 관심의 대상이 되고 있었기 때문이다. 이러한 점에서 노동조합이라는 조직적 단위가 제대로 움직이고, 농민단체가 함께 움직이면 노동자생협이 일차농산물의 유통시장에 큰 영향을 미칠 수 있다는 가능성을 보여주었다. 그리고 노동자생협이 농산물을 넘어 공산품이나 생활재를 본격 취급하게 될 경우 경제에 미치는 영향도 커질 것이라고 볼 수 있다.

따라서 노동자생협은 앞으로 어떻게 여러 가지 어려움을 극복할 것인가가 더욱 중요할 것이다.

그런 측면에서 노동자생협의 과제를 정리하면, 먼저 노동자생협은 자체 내에서 자원활동가들을 양성하는 것이 가장 중요한 과제다. 생협활동가로서 현장의 조합원들도 가능할 뿐만 아니라 가족들, 특히 노동자가족의 주부들이 나서서 생협활동가가 되면 훨씬 더 좋을 것이다. 노동조합운동과 생협운동이 지역 속에서 결합될 수 있는 토대가 될 것이다.

두 번째 과제는 더 많은 지역본부 조합원들을 생협조합원으로 가입시키는 것이다. 아직까지 지역본부 차원에서 제대로 대응하고 있지 못하지만, 1년이 지나면서 노동자생협은 이제 일상적인 활동을 하고, 생활 속에서 다양한 결합을 하고 있으므로, 지역본부 차원에서도 더 적극적인 역할을 할 수 있는 토대가 될 것이라고 볼 수 있다. 따라서 기존의 생협조합원들에 대한 교육사업을 강화하는 동시에 민주노총 지역본부 차원에서 다시 생협을 홍보하고, 조직화하는 것도 중요하다. 물론 이 과정에서 정파적 편향을 극복하지 않으면 그러한 결의를 끌어내기는 쉽지 않다.

세 번째 과제는 지역에 있는 노조 역량들을 제대로 조직하여 지역운동과 결합하는 것이다. 전교조, 보건의료노조, 공무원노조 등과 같이 지역주민들과 함께 할 수 있는 다양한 기능을 가진 조직들이 있다. 이러한 점을 살려서 지역주민들에게 봉사하면서 노동조합운동의 현안을 해결해간다면 현재와 같은 노조운동의 고립은 더 이상 발생하지 않을 것이다. 오히려 노동조합운동은 대중의 광범한 지지 속에 발전할 수 있을 것이다.

이러한 많은 부분을 노동자생협을 통하여 지역운동과 결합하면서 운동의 다양성을 확보할 때 가능할 것이다.

5. 결론: 실천적 전략

노동조합운동이 사회적 영향력을 높이는 것은 중요한 과제이다. 그리고 그것을 위해 산별노조를 건설하고 정치세력화를 추진하고 있다. 그러나 노조운동의 쇠퇴는 비단 한국만의 상황이 아니라 신자유주의 세계화에 따른 세계적인 추세다.

그에 따라 많은 나라에서 노동조합운동의 재활성화전략이 이미 진행되어왔으며, 민주노총 내에서도 조직혁신이라는 이름으로 이미 재활성화전략을 다각도로 펼쳐왔다고 볼 수 있다. 비정규직 조직화 사업이나 최근 공모한 전략조직화 사업 등도 그러한 사업의 일환이다. 부산노동자생협도 생산자로서의 노동자계급뿐만 아니라 소비자로서의 노동자계급이 다르지 않아야 한다는 생각에서, 노동자의 가족 역시 노동자계급이라는 관점에서 출발하였다. 결국 노동자계급은 자본주의 경제체제가 아닌 공동체적 생활의 기반이 되는 사회적 경제체제*를 대안으로 지향하는 삶 속에서 실천적 전망을 세울 수 있을 것이다. 그러한 운동은 사회공공성 강화전략이라든지 무상의료, 무상교육과 같은 슬로건으로 내세우기도 하였다. 그렇듯이 노동자생협도 그러한 전망 속에서 보다 공공적이면서 생태적 삶과 연대적 삶을 지역 풀뿌리 공동체운동 속에서 실천하고자 하는 것이다. 노동조합운동은 그런 측면에서 노동현장에서부터 실천하듯이 지역민으로서의 노동자는 역시 지역운동과 불가분의 관계 속에서 발전하는 것이지 별개의 것일 수 없다. 그것은 노동자정치세력화를 통해 지역민 속에서 출마하는 노동자 후보의 활동과 특별히 다를 바도 없다. 이러한 자기 전망을 가지고 부산노동자생협은 현재 처해 있는 경제적 어려움을 자립을 통해 극복하고, 생협조합원을 중심으로 지역조직과 현장조직을 건설하여 노동조합의 활력소가 되는 한편, 지역운동과 결합하게 될 것이다.

현재 부산지역 생협들과 연대모임도 노동자생협이 만들어지고 난 이후 다시 구성되었다.** 또한 지나치게 이론적으로 접근하기보다는 생활단위로서, 그리고 노동자들도 어차피 소비생활을 하지 않을 수 없으므로 가능한 노동자생협을 활용하게

---

* 이 사회적 경제체제라는 것은 정확한 개념은 아니지만, 사회주의적 또는 대안경제체제 등을 폭넓게 의미하는 자본주의 대안체제로서의 의미를 가진다고 할 수 있다.

** 지역 생협들 간의 연대모임은 이전에 있었으나 흐지부지되었고, 노동자생협에서 제안하여 모임을 재구성하고 현재 모임을 만들어가고 있는 중이다.

함으로써 소비와 관련된 기존의 사고방식에서 새로운 소비자로서의 생각*을 가질 수 있도록 분위기를 만드는 것이 중요하다. 그래서 노동자생협에서는 기존 생협조합원들을 대상으로 하는 김장 준비 등 대중적 특판 사업을 통해 생활 속에서 다가서는 것을 중요한 전략으로 삼고 있다. 일반적인 노조조합원을 상대로 하는 특판 사업은 조합원들에게 신뢰할 수 있는 제품을 보다 저렴하게 구매할 수 있는 기회임과 동시에 생산자와 소비자 간의 직거래 방식을 강조하여 기존의 소비패턴을 바꾸게 하기 위한 전초적 역할이기도 하다. 아울러 노동자생협의 만성적 적자도 이 특판 사업을 통해 어느 정도 해소하는 방안이 만들어지고 있기도 하다.

노동자생협이라는 생소한 이름은 처음에는 다가서기 어렵기도 하지만 현재 이용하고 있는 일반조합원들에게는 새로운 신뢰를 주는 이름이 될 수 있다는 확신이 든다. 노동배제 정책이 기승을 부리고 노동조합에 대해 정서적으로 멀리하게 되는 현실이지만 노동자생협은 생활 속에서 조합원들과 조합원 가족들을 만나고 있기 때문에 어려워도 신뢰를 구축할 수 있다는 장점도 있다. 여기에 맞춰서 노동조합 차원에서도 보다 목적의식적인 활동을 전개해나가는 단위가 만들어진다면 노동자생협운동이 한국에서 새로운 방식으로 전개될 수 있을 것이

---

* 마트에서 구입하는 최저가 구입에서 적정한 가격정책을 통한 지역상품을 애용하고, 가능한 친환경 제품을 선호하도록 하여 지역경제가 선순환되도록 하는 것이 중요하다는 생각을 말한다.

다. 운동은 항상 대중에 의해 새롭게 창조되듯이 이웃 일본에서는 노동조합운동이 생협과 결합된 시기가 있었고, 지금은 그 의미가 퇴색되어 의미를 상실하였지만, 한국에서는 노동운동의 새로운 동력의 하나로 자리 잡지 말라는 법은 없다. 운동은 오로지 그 주체들의 의해서 바래기도 하고 빛나기도 하기 때문이다.

'택시법', 무엇이 문제인가?

택시법이 바로 얼마 전까지 핫이슈였다가 이제는 잠잠해지고 있다. 국회에서 새누리당과 민주당 의원 대부분을 포괄하는 200명이 넘는 의원들이 찬성한 법안에 대해 이명박 대통령이 거부권을 행사하였다. 정치권은 이에 반발하여 바로 재의결을 강행할 듯하였지만 지금은 이명박 정권이 제시한 택시지원법을 보고 결정하겠다는 입장으로 은근슬쩍 한발 물러났기 때문이다.

국회의원 110명만 동의해도 재의결이 가능하지만 왜 여야를 비롯한 정치권이 한발 물러날 수밖에 없었는가를 보면, 택시를 대중교통으로 인정하게 될 경우 법률에 의해 정부가 대중교통에 지원해야 할 금액이 2조 원에 달한다는 사실이 알려지면서 여론이 악화되었기 때문이다.

실제 거부권을 행사한 이명박 대통령에 대해서는 임기 중에 한 일 중에서 가장 잘한 일로 평가받기도 하였다. 택시법 거부권 행사에 대한 여론 지지율이 60%에 달하였기 때문이다. 그렇다면 택시법과 관련하여 어떤 문제가 쟁점이 되었는지 알아보자.

택시법이란 '대중교통 육성 및 이용촉진법'이라는 법안에서,

택시를 대중교통에 포함시켜 정부의 지원이 가능하도록 하는 법안을 이르는 말이다. 그렇다면 대중교통이란 개념은 무엇이고, 택시는 어떻게 분류되고 있는지? 그리고 택시업계나 노조는 왜 택시를 대중교통으로 포함시키고자 하는지, 그리고 이에 반대하는 논리는 무엇인지 살펴보자.

대중교통의 개념

먼저 대중교통의 개념에 대해서는 여러 가지 입장이 있어서 한 마디로 단정하기는 어렵지만, 한국어 위키백과 사전에서 정의하는 것을 보면, 기차, 자동차, 배, 비행기 등을 이용해 여러 사람이 한꺼번에 이동하는 것이며 일반적으로 버스, 철도, 항공편, 연락선 등의 정해진 일정과 노선에 따른 연결편이 마련되어 있을 때 그 이동수단을 대중교통 수단이라고 말하고 있다. 즉 여러 사람이 한꺼번에 이용할 수 있고, 정해진 시간과 노선이 있는 교통수단을 말한다고 볼 수 있다.

노선이 있기 때문에 때로는 환승도 해야 하고, 도보를 이용해서 최종 목적지까지 가는 게 일반적이다. 현행법인 '대중교통 육성 및 이용촉진에 관한 법률'에도 이 기준으로 정의하고 있다. 이런 기준으로 보면 택시의 경우에는 정해진 노선이 없고, 이용자가 원하는 시간에 원하는 장소에서 최종 목적지까지 편리하게 갈 수 있으며 이용할 수 있는 인원이 한정되어 있다는 점에서 대중교통에 포함시키기는 어려워 보인다.

그러나 한 라디오방송 인터뷰를 인용하여 택시법을 요구하는 택시노조의 입장에서 대중교통의 개념을 들어보면, "국내에서 정해져 있는 대중교통이라는 개념이 외국 선진국에 비하면 상당히 협소한 개념입니다. 외국의 주요 나라 같은 경우는 대중교통이라는 개념보다는 공공교통이라는 개념을 사용해서 택시, 버스, 지하철, 철도 이런 걸 다 같이 종합적이고 균형 잡힌 교통으로 시행 중에 있는 상황이고요. 그다음에 택시의 현실상 연간 42억 명 정도의 국민이 운영하고 요금이나 이런 것이 사실 국민정서가 택시를 대중교통으로 인정하고 있는 이런 현실이기 때문에 사실 정부 쪽에서 이런 현실들을 감안해서 택시나 아니면 교통정책의 패러다임을 바꿀 때가 된 거죠. 지금 그렇게 협소한 개념으로는 이걸 담을 수 없다고 판단을 해서 저희들이 대중교통에 포함시켜 달라는 요청들을 계속 해왔던 거죠"*라고 하여 대중교통의 개념을 확장시켜 공공교통이라는 개념으로 패러다임의 변화가 필요하다는 입장이다.

그렇다면 외국은 대중교통을 어떻게 정의하고 있을까? 우선 우리와 가까운 일본은 버스(일반승합여객), 철도, 선박과 그 외 터미널 등을 대중교통으로 정의한다. 영국은 버스, 철도, 지하철을, 스웨덴은 버스, 노면전차, 지하철, 철도, 선박, 항공기 등이 대중교통의 범위에 속한다. 미국은 버스와 철도만을 대중교통으로 인정하고 있다. 이렇듯 나라별로 대중교통의 범위는

---

* YTN FM 94.5 〈생생경제〉 코너에서 방송된 전국민주택시노조 기우석 국장의 인터뷰

각각 다르나 대체로 택시는 고급대중교통이라는 인식 탓에 대중교통으로 인정하지 않고 있다.

택시업계와 택시 노조 측에서는 택시가 대중교통으로 편입되어야 한다고 주장하며 그 근거는 다음과 같다.

첫째, 하루 12시간 정도의 장시간 노동에 월급은 월 150만 원 이하로 근무환경이 열악하기 때문이라는 것이다. 그러다 보니 사납금을 한 푼이라도 더 채워서 입금시키기 위해 승객에게 불편을 주는 행위, 승차거부 및 불법행위가 많이 벌어지고 있다는 점이다.

둘째, 승객은 점점 줄고 있고 LPG값은 폭등하고 있는데 정부는 아무 해결책도 내놓지 못하고 있는 상황을 개선해야 하기 때문에 택시법이 만들어져야 한다고 보는 것이다. 택시가 대중교통으로 포함돼야 정부가 책임을 지게 되면서 처우개선도 하고 서비스 개선도 이루어질 수 있다고 본다.

셋째, 택시요금이 대중교통 요금과 큰 차이가 없을 뿐만 아니라 택시 이용 승객들이 일반 대중이라는 점이다. 이 점에서 정부는 택시의 수송 분담률이 9%대라고 했는데, 택시업계와 노조에서는 자가용 분담률을 제외하면 약 25% 수준이라면서 반박하고 있다.

그러나 여전히 이에 대한 반론은 많다.

먼저 택시는 대중교통이 아니라는 점이다. 조규석 운수산업 연구원 연구위원의 말을 인용하면, "대중교통육성법이라는 것은 특정 대중교통, 특정 교통수단의 어려움을 덜기 위해서 법이 만들어진 것이 아니다. 자동차가 급증하면서 이제는 도로를 만들 공간도 시설을 만들 공간도 없다. 특히 서울 같은 대도시는 도로와 주차장을 만들 공간이 없고 만들 수 있다 하더라도 막대한 재원이 소요된다. 그래서 주어진 교통시설을 효율적으로 이용하는 것이 무엇보다도 중요하다는 판단 하에 대량 수송할 수 있는 교통수단을 대중교통 수단이라고 지정해서 육성 지원하자는 취지에서 만들어진 것이 대중교통육성법이다. 논란은 이 대중교통육성법 기본 취지에 택시가 맞느냐라는 것이다. 기본적으로 대중교통육성법이라는 취지에 맞지 않다는 것이 보편적인 견해이다. 그 당시 어떤 것을 대중교통으로 할 것인가 하는 고민 끝에 일정한 노선과 일정한 일정을 가지고 대량 수송할 수 있는 노선을 대중교통이라고 정하면서 버스, 철도, 지하철을 대중교통수단으로 정의한 것이다."라고 하면서 택시를 대중교통체계로 분류하게 되면 많은 어려움이 따르게 될 뿐만 아니라 취지에도 맞지 않다는 것이다.

두 번째로 가장 큰 반발의 하나는 대중교통이 되었을 경우 예상되는 약 1조 9천억 원에 달하는 막대한 규모의 예산 지원도 여론을 악화시키고 있다.

마지막으로 택시법이 통과되어도 실제로 택시 노동자에게 갈 혜택보다 택시 사업주의 배만 불릴 뿐이지 택시 노동자의 삶이 나아지지 않을 것이라는 점에서 회의적인 부분도 있다는 점이다.

정부의 해법은?

결국 택시법은 여론의 편승을 타고 이명박 대통령이 거부권을 행사하였고, 여야 정치권은 이명박 정부의 택시지원법을 보고 판단하는 방향으로 선회하였다. 이명박 정부는 택시법 대신 '택시운송사업 발전을 위한 지원법'을 입법 추진할 방침이다. 택시를 위한 특별법으로 추진되는 이 법안은, 택시업계 구조조정·경영개선을 위한 감차 지원, 친환경 차량 대체, 서비스 향상을 위한 시설·장비 지원 등을 보장하고 있다.

이른바 택시지원법으로, 이 경우에 소요되는 예산은 4,800억 원이나 되지만 실제로 택시노동자에게 혜택이 갈 수 있을지는 의문이다. 10년 전에도 택시회사 부가세를 50% 감면해주고 기사 복지기금도 마련해주도록 했는데 그때나 지금이나 나아진 게 없다는 지적이 있기 때문이다. 결국 택시회사 사업주만 좋아졌다는 얘기가 되는 셈이다.

문제는 이번에 30만에 달하는 택시노동자의 표를 의식한 여야 정치권이 지나치게 포퓰리즘에 빠졌다는 점에서 정치권의 책임도 적지 않은 것 같다.

문제해결을 위한 제안

문제해결을 위한 아이디어 차원에서 몇 가지 제언을 하고자 한다.

먼저 문제의 발단이 된 택시노동자들의 임금과 근로 조건의 개선이 시급하다. 그러기 위해서는 우선 정부 차원에서 택시

노동자들에게 실질적인 혜택이 갈 수 있도록 공급조절과 고용 전환 등 적극적 노동정책이 무엇보다도 필요할 것이다.

둘째, 우리나라의 교통체계에서 이미 택시는 상당히 대중화되어 있는 현실을 받아들이되, 정부가 직접 택시의 수요·공급 조절 기능을 강화하여 택시 감차를 단행해야 할 것이다. 그런 다음 정부와 택시 사업주, 택시노조 등 노사정 3자 차원에서 택시노동자의 임금 및 근로조건에 대한 실질적인 개선방안을 찾기 위한 노력을 해야 한다고 본다.

셋째, 나아가서 택시는 이미 시민들의 생활에 밀접하게 영향을 미치고 있는 상황이므로 이해당사자만의 합의를 넘어 사회적 합의를 이루어야 한다. 정부가 주도적으로 수요·공급을 조절하고, 노사정 차원의 택시노동자 생활대책을 강구한 다음, 국회와 시민사회가 다함께 해법을 모색하는 단계로 나아가는 방향으로 공론을 만들어가야 할 것이다. 그래야만 택시노동자의 생존과 함께 택시요금 인상의 문제와 서비스 개선 등 다양한 차원의 문제를 함께 해결할 수 있을 것이라고 본다.

한진중공업 정리해고 반대투쟁과 일자리 문제

들어가는 말

현재 부산에서는 한진중공업의 정리해고로 인한 노사분규가 오랫동안 지속되고 있고, 그 와중에 김진숙 민주노총 부산본부 지도위원의 크레인 농성이 160일을 넘긴 상태이다. 이러한 상황에서 우리 고용포럼에서 한진중공업 정리해고와 이에 따른 일자리 대책에 대한 노사 파트너십 분과(分課) 세미나를 개최하는 것은 여러모로 의미가 깊다.

논의는 다양한 측면에서 가능할 것이나 민주노총이나 금속노조, 한진중공업 노조의 투쟁과 관련된 부분은 현재진행형이므로 적절하지 않을 것이라 판단되므로 여기서는 한진중공업의 정리해고와 부산경제에 미치는 영향, 그리고 그 과정에서 사전에 정리된 사내 하청 노동자들의 일자리 문제 등과 관련해 논하고자 한다.

한진중공업의 정리해고는 정당한가

한진중공업은 정리해고를 단행하면서 2008년 금융위기 이후 2009년과 2010년, 2년이 넘게 신규 수주를 전혀 하지 못한 것을 근거로 경영상 정리해고가 불가피 하다고 주장한 것으로 알려져 있다. 그러나 한진중공업 노조는 회사가 대규모 정리해고 명분을 만들기 위해 고의로 적자 공시를 했다는 의혹을 가지고 부당해고라고 주장하고 있다.

17일 금융감독원 감사보고서에 따르면 한진중공업은 작년 517억 원의 순손실을 기록했고, 2009년에는 519억 원의 당기순이익을 냈다. 그러나 노조 측은 회사가 작년 회계자료에서 대손충당금 579억 원 가운데 영업 외 비용으로 560억 원을 지출한 것으로 표시해 손실의 직접적 원인이 됐다고 주장하고 있다.

〈표1〉 한진중공업 경영현황

(단위: 백만 원)

년도	매출	영업이익	당기순이익
2010	1,094,335	149,730	-51,745
2009	1,614,538	250,240	51,904
2008	2,017,330	396,780	62,998

* 당기순이익은 그룹 전체 분〔자료 : 유성용 기자, 소비자가 만드는 신문〕

이로써 쟁점은 왜 한진중공업이 작년에 갑자기 대규모 적자를 기록했는가의 문제가 된다.

한진중공업은 조선부문과 건설부문이 있는데, 지난 1월 13일 서울 신문로 베르시움 오피스텔 사업과 관련한 고등법원에서의 패소로 삼성생명보험에 723억 원을 물어주게 된다. 이 오피스텔 건설 사업을 하면서 못 받은 공사대금 300억 원을 포함하면 1천억 원대의 손실을 입게 된 것인데, 문제는 한진중공업이 올해 벌어진 법적 소송 손해배상금을 작년 대손충당금에서 처리한 데 있다.*

따라서 노조 측은 이 때문에 작년 517억 원이란 거액의 손실이 발생했다고 주장하고 있는데, 건설부문에서 발생한 적자를 근거로 조선부문 근로자들을 해고한 것도 문제지만 올해 발생한 손실을 작년 대손충당금으로 처리한 것은 더더욱 고의성이 짙다는 분석이다.

의혹은 여기서 그치지 않는다. 한진중공업은 고등법원에서의 패소를 인정하지 않고 현재 대법원에 항고 중이다. 즉, 확정판결이 이루어지지도 않은 상황에서 손해배상을 근거로 한 대손충당금 집행은 있을 수 없는 일이라는 것이다.

이에 대해 한진중공업 관계자는 "2008년과 2009년 건설부문의 영종도 부지를 매각, 조선쪽으로 3천억 원 이상 투입했는데 이는 어떻게 설명할 것이냐"고 반박하면서 노조의 주장이 일방적이라고 주장하였다. 그리고 "베르시움 사업은 현재 대법원 상고 중으로 패소할 경우 이자 비용이 들기 때문에 대손충당금으로 처리한 것"이라며, "재판 결과에 따라 비용이 들지 않을 수도 있다."고 말했다고 한다.

---

* 대손충당금은 미래에 발생할 대손(貸損)에 대비하여 설정하는 충당금이다.

영도 조선소의 고비용 구조 문제

또한 회사 측은 영도 조선소가 고비용 구조여서 2008년 9월 이후 단 한 건의 수주도 이루지 못해 내년 초면 수주 잔고가 바닥나 정리해고가 불가피하다고 주장하고 있다. 그러나 한진중공업의 영업이익률은 조선 빅4에 속하는 삼성중공업과 대우조선해양, STX조선해양 등보다도 오히려 크게 높은 것으로 나타나고 있다.(〈표 2〉 참고)

〈표 2〉 조선사 영업 이익률 및 평균 급여

(단위: %, 천 원)

	조선부문 영업 이익률		직원 평균 급여
	2010	2009	
현대중공업	14	7.1	63,335
삼성중공업	9	7.1	62,500
대우조선해양	8.7	6	71,000
STX조선해양	4.6	2.8	61,700
한진중공업	13.7	15.5	39,600

* 자료 : 유성용 기자, 소비자가 만드는 신문

또한 한진중공업의 직원 평균급여는 3천960만 원으로 STX조선해양(6천170만 원)의 60% 수준밖에 되지 않으며 조선 부문의 영업 이익률은 건설 부문을 3배 이상 압도하고 있다. 2009년 건설 부문 영업 이익률은 4.9%에 불과했으며 2010년에는 1조 3천억 원 매출에 1억 원의 영업이익만을 거두었다.

노조 측은 또 회사가 자회사의 필리핀 수빅 조선소에 2조 원에 달하는 비용을 투입했고, 2년간 이자비용만 4천억 원 가까이 발생해 조선부문의 이익이 상쇄됐다고 주장하고 있는데, 이런 와중에 한진중공업은 지난 4월 전략생산 판매 및 열공급 업체인 자회사 별내 에너지에 150억 원을 추가 투자하기도 하였다.

게다가 경영난 해소를 위해 불가피하게 구조조정을 결정했다던 한진중공업은 작년 말 174억 원 규모의 주식배당을 실시했고, 지주회사인 한진중공업 홀딩스는 52억 원 규모의 현금배당을 결정했으며 이 중 절반은 총수인 조남호 회장에게 돌아갔다. 이는 긴급한 경영난 문제로 대규모 정리해고를 했다는 회사 측의 주장에 의혹이 생길 수밖에 없는 대목이다.

덧붙여 한진중공업 노조는 고의로 영도 조선소로 수주를 받지 않고 해외공장인 수빅 조선소로 물량을 빼돌렸다고 주장하고 있다.

한진중공업의 정리해고에 대한 대책

정리해고를 수용한다는 전제하에 일자리 대책을 만들 수 있을 것이나 현재 시점에서는 그에 우선하여 '정리해고는 여전히 불가피한가.'에 대한 지역사회의 공감대가 형성되어 있지 않은 것이 더 큰 문제이다.

따라서 한진중공업 노사뿐만 아니라 정부와 지자체, 시민사회 등이 나서 정리해고에 대한 포괄적인 합의를 먼저 이루어야 하며, 이에 따라 영도 조선소를 어느 정도의 규모에서 유지할 것인가에 대한 협약 혹은 고용안정협약 등이 뒤따라야 할 것이다.

현재와 같이 노조의 일방적 희생 위에서, 즉 노조를 괴멸시키고 난 다음의 일자리 프로그램은 회사 측의 책임 있는 역할을 기대하기도 어렵거니와 지역사회에서도 누가 그 책임을 가지고 할 것인가에 대해 의구심이 드는 대목이다. 노조에 대한 탄압이 전제되어서는 그 어떤 대책도 실효성을 갖기 힘들 것이다.

3부

교육의 현장

아이들은 햇볕을 쬐고 싶다

아이 둘을 부산에 있는 성서초등학교에 보내는 학부모이다.

지난달 23일 부산지법 제14민사부는 부산교육청이 인근의 32층 규모 주상복합아파트 '두산위브센티움' 신축으로 성서초등학교 학생들의 학습권의 하나인 일조권을 침해당했다며 시행사 ㈜태억건설과 시공사 두산중공업㈜을 상대로 제기한 공사중지가처분 신청에 대해 신청을 기각한다고 결정했다.

재판부는 결정문에서 '인근 32층 주상복합아파트가 들어서면 성서초등학교의 일부 교실 등이 오전 9시부터 오후 3시 사이에 연속 2시간, 오전 8시부터 오후 4시 사이에 총 4시간 이상 일조를 확보하지 못하는 사실은 소명되지만, 해당 학교가 위치한 상업지역의 경우 일조권의 중요성이 주거지역과 같은 정도로 고려되기 어렵다.'고 그 결정 배경을 밝혔다.

재판부는 또 '상업지역을 주거지역과 같이 일조권 침해를 이유로 건물 층수와 높이를 제한한다면 도시계획 용도를 구분한 취지를 몰각시키고 도시의 균형발전을 도모하기도 어렵다.'고 말했다.

상업지역이기 때문에, 도시의 균형발전을 꾀해야 하기 때문에 초등학교 아이들이 햇볕을 받으며 자라는 권리를 빼앗을 수 있다는 사고의 발상이 얼마나 무서운 것인지를 나는 주장하고 싶다. 상업지역의 설정과 도시의 균형발전은 모두 사람이 나름대로 기준을 가지고 만든 제도에 불과한 것이다.

학교 건물과 운동장은 일곱 살부터 열세 살까지의 어린이들이 하루 종일 공부하고 뛰어놀아야 하는 공간이다. 공부하고 뛰어노는 아이들에게 비춰져야 할 햇볕이 일부 건설업자의 이기적인 판단에 의해 차단되는 것은 인간의, 또는 어린이가 이 나라에서 자유롭게 자랄 수 있는 기본권을 침해하는 것 아니고 무엇이라고 할 수 있을까?

흔히들 하찮은 풀뿌리조차도 햇볕 없이 자랄 수 없다고들 한다. 식물도 그러한데 하물며 사람이, 그것도 자라나는 아이들에게서 햇볕을 빼앗는 상업주의에 대해 정당하다고 판시하는 것은 어떤 논리에 근거해야 할 것인가?

진정 이 나라의 교육철학과 사상은 사라지고, 상업지역을 지정하는 도시의 균형발전을 논하는 결정문을 보면서 우리는 인간에 대한 가치척도를 어디에 맞추면서 살아야 할 것인지에 대해 다시 생각하게 된다. 이런 사회에 살게 하는 아이들을 가진 부모로서 차마 몸 둘 바를 모를 따름이다.

우리는 이미 앞서 부산 용수초등학교 등 일조권 관련 몇 개의 가처분 신청이 재판부에 의해 받아들여지는 것을 보면서 희망을 가졌다. 우리나라도 환경과 교육을 우선 생각하는 나라의 수준에 접어드는 것을 보고 내심 희망을 가졌다. 그러나 최근 상업지역이라는 이유로 성서초등학교뿐만 아니라 인근 성

지초등학교도 기각당했다는 소식을 접하고 다시 한 번 상업주의와, 사람이 아닌 자본 중심주의에 대해 몸서리를 치고 있다. 제발 바라건대 자본이 아닌 사람 중심, 이윤이 아닌 환경 중심의 철학과 정책을 펴는 것을 보았으면 한다. (『한겨레신문』, 2004. 1. 11.)

혹시, 자녀가 무슨 생각을 하고 있는지 아세요?

보도에 따르면 최근 남학생들 사이에선 일베 현상이 이미 또래 문화처럼 번지고 있다고 한다. 심층면접에서 고1 남학생은 "자신이 일베라는 사실을 공식적으로 내세우는 걸 꺼리지만 교실 뒤에선 광주가 폭동이냐 민주화 운동이냐를 놓고 키득거리거나 '이 자식 종북이네.'라고 말하는 게 교실 풍경"이라고 하면서, 또 "술, 담배를 하면 어른스럽게 생각하는 것처럼 정치 불신을 얘기하거나 사회를 비판하는 것을 세련되고 앞선 의식이라 생각한다."고 털어놓았단다.

부모들이 자녀들과 이러한 주제로 대화를 해보지 않으면 직접 확인하기는 어렵기도 하고, 굳이 자녀들과 이런 내용으로 대화할 이유도 없었을지 모른다.

나 또한 2015년에 일반고를 졸업한 둘째가 학교를 다닐 당시에 발생한 사회문제에 대해 친구들이 어떻게 생각하느냐고 물어본 적이 있는데, 둘째가 말하기를 "친구들과는 그런 얘기를 잘 하지 않는다."고 했다. 그런 얘기를 하면 친구들에게 따돌림 당할 가능성이 높고 아이들이 은근히 일베를 지향하는 경향이 있다면서, 정치나 사회문제에 대해 얘기하는 것을 대개는 꺼린다고 한다.

당시 나는, 고등학생이면 조금씩 사회문제나 입시제도 등에 대해서도 이러저러하게 얘기할 만도 하고 이미 광우병 파동이 난 2008년도 촛불운동에서는 학생들이 상당히 많은 참여를 했기 때문에 둘째의 그 말이 잘 이해가 되지 않았다.

그러나 위의 보도를 보면서 아이들의 사회 냉소적 반응은 더 심각하다는 생각이 들었다. 물론 다수의 학생은 그렇지 않을 거라고 생각할 수도 있겠지만, 지난해 부산의 모 고등학교 학생회장 선거 유세에서 등장한 고 노무현 대통령 비하 발언이나 세월호 관련한 부정적인 SNS 표현 등을 보면 이것이 단순한 문제는 아니라는 생각이다.

어른들의 반응은 아직 조심스럽다. 예를 들면, 심층면접에 참여한 교사 4명은 일베의 정치적 편향성이나 반사회성이 어린 학생들의 잘못된 가치관 형성으로 이어질 것을 우려했지만 실제로 학생들의 일베 방문은 많지 않다고 인식하고 있었고 또 일베에 접속하는 학생들 역시 단순한 호기심 때문으로 이해하고 있었다고 한다. 한 20대 여교사는, "일베 현상은 그 나이 또래 나타나는 반항 심리에 따른 특이현상이라 본다."는 의견이었다.

반면 심층면접에 응한 전문가들은 10대들의 일베 현상이 극단주의로 흐를 수 있다고 우려한다고도 했다. 한 전문가는 "일베에서는, 여성들을 타고난 신체와 외모로만 높은 지위를 얻는다고 비하하고, 또 이를 당연하다고 생각하는 경향을 보인다."며 "이런 부정적 사고가 남학생들에게 전염될 수 있다."고 했다. 다른 전문가는 "남학생들 사이에서 일베 현상이 유행하는 것은 센 척하는 '허세'가 반영된 결과로 일종의 소극적 청소년 비행"이라고 진단했다.

며칠 전 어느 인터넷 언론에서는 그러한 극우적 사고를 가진 청소년들이 공개적으로 기자회견까지 하였다. 현재로선 그 수준이 심각하다든지, 혹은 우려스럽기는 하지만 심각하지 않다든지 하는 다양한 진단이 나올 수 있을 것이다. 그래서 말인데, 혹시 자녀나 형제 친지들, 또는 주변에 있는 학생들의 생각은 어떤지 궁금하지 않은지 묻고 싶다. 그걸 어떻게 확인하느고 묻는다면 "아이들과 꾸준히 대화하면 됩니다"라고 말하고 싶다.

사실 우리나라 교육은 말로는 인성교육을 외치지만 실제로는 입시를 위해 친구들과의 경쟁을 강요하는 시스템이기 때문에 경쟁과 대립의 학교문화가 확대되어왔다. 그 속에서 아이들이 바르게 자랄 것이라고 낙관할 수만은 없을 것이다. 게다가 최근에는 정부 정책도 진실을 파악하기가 어렵다. 국가책임의 누리과정을 교육청에 떠넘기다가 이제는 예산을 다 줬다고 우기기까지 하고 있는 실정이니 말이다. 아이들을 방치하면 괴물로 자라날 수 있는 환경이다. 우리 아이는 그렇지 않을 거라는 낙관보다는 아이들과 늘 대화하면서 지내는 것이 아이들의 올바른 성장에 더 많은 도움이 될 것이다.

직장은 전쟁터여도 밖은 지옥입니다

만화(또는 드라마) 『미생』의 한 대목이다. 이 표현은 꼭 직장에만 한정할 필요도 없다. 사회 안전망과 시스템이 미흡한 우리 사회의 모든 영역에서 적용되는 표현이 아닐까 싶다.

최근 학교 위클래스(Wee Class)*에서 근무하는 시간제 전문상담사** 53명이 2월 28일자로 계약만료가 예정되어 반발하고 있다. 이들은 비록 15시간 미만 근로계약을 하였으나 무기 계약직으로 전환될 가능성을 보고 열심히 일을 했다고 한다. 그러나 현실은 냉정하게도 교육청은 예정대로 2월 28일자로 계약을 해지한다고 통보하였다.

이들 중 일부가 학교비정규직 노조에 가입하여 무기 계약직으로의 전환을 주장하면서 각종 집회와 삼보일배, 단식농성 등을 하였다. 일단 교육청에서는 직종 교섭을 통해 방법을 강구

---

* Wee라는 용어는 'we(우리)+education(교육)', 'we+emotion(감성)'의 합성어로, Wee는 학교, 교육청, 지역사회가 연계하여 학생들의 건강하고 즐거운 학교생활을 지원하는 다중의 통합지원 서비스망임. 학교에는 Wee 클래스, 지역교육지원청에는 Wee 센터가 설치되어 있음.

** 학교 Wee 클래스에 배치되어, 학교폭력에 노출되어 있거나 따돌림, 대인관계 미숙 등 학교부적응 학생 등을 상담하는 역할로 정규직인 상담교사 외에 비정규직 전문상담사가 있음.

해보자고 하고 있어 개선의 여지는 있다.

15시간 미만 일자리를 통해 생계를 유지하는 것은 사실상 불가능한 일이다. 단시간 근로는 그야말로 육아나 가사 등 여러 가지 사유로 전일제 근로가 불가능하여 하루 4시간 이하의 일자리를 필요로 하는 사람을 위해 필요한 일자리이다.

그러나 알다시피 우리 사회의 일자리는 매우 부족한 상황이다. 그렇기 때문에 단시간 일자리에도 전일제 근무가 가능한 사람이 몰리게 되고, 이들은 시간제 일자리로는 생계유지가 곤란하기 때문에 결국 시간제 일자리는 나쁜 일자리가 되고 만다.

사회안전망이 나름대로 잘 구축되어 있는 서구에서는 비정규직의 대부분이 시간제 일자리를 갖고 있다고 한다. 이른바 그들은 단시간 근로를 바라는 자발적 비정규직인 셈이다. 근데 우리나라 대부분의 비정규직은 정규직이고 싶고 전일제 근로를 하고 싶은데 그런 일자리가 부족하기 때문에 시간제 일자리도 마다하지 않게 되는 비자발적 비정규직이다. 따라서 대부분의 시간제 일자리는 본의 아니게 나쁜 일자리가 되고 마는 것이다.

전문상담사의 일자리를 확대하게 된 계기에 대해서도 한 번 생각해봐야 한다고 본다. 학생들을 가르치고 상담하는 일은 교사의 고유 업무이다. 올바른 인성 함양과 지식 전달을 위해 학생들을 가르치고 상담하는 업무는 교사가 하는 일인데 왜 전문상담사가 필요한지 생각해볼 필요가 있다.

물론 교사들에게 불필요한 행정업무가 많이 주어지다 보니 교원업무가 많아지면서 이를 경감할 필요가 있는 것은 사실이다. 그러나 학생 생활지도와 관련 없는 다른 행정업무를 줄여야지 학생 상담업무를 줄여서 비정규직을 사용하는 시스템이 과연 좋은 시스템인지 근본적인 검토도 필요하다고 본다.

교사들 중에도 전문상담교사가 있다. 일반교사들의 경우 심리학이나 학교폭력 등 전문적 영역에서 충분한 상담을 실시할 수 없을 수도 있다. 일단 일반 상담은 교사들이 하고, 전문적 심리상담은 전문상담교사가 하는 것이 맞다. 근데 왜 전문상담교사를 채용하지 않고 전문상담사라는 비정규직을 신설했을까?

여기에는 국가기관인 정부, 즉 인건비를 절감하기 위한 교육부의 꼼수가 숨어 있다고 봐야 한다. 교사 정원을 늘리지 않고 비정규직을 사용해서, 심지어 11개월간의 시간제 계약을 통해 비용을 아끼려는 전형적인 신자유주의 정책을 학교 현장에도 적용하고 있는 것이다.

전문상담사는 몇 해 전 학생들의 자살과 폭력이 심해졌을 때 이명박 정부에서 낸 처방으로, 전문상담사를 신설해서 학교폭력과 자살 등을 예방할 수 있도록 하면서 전국적으로 확산되었다. 처음에는 교육부가 재원을 지원했지만 이후에는 각 시·도교육청으로 부담을 떠넘기게 되었고, 재정압박을 느낀 교육청은 결국 전문상담사를 줄이려고 시도할 수밖에 없는 과정에서 발생한 것이 최근 사건의 본질이기도 하다.

학생들이 자살과 학교 폭력, 따돌림 등에 노출되는 것 역시 교육을 서열화시키고 성적순으로 줄 세우기 하는 경쟁교육, 신자유주의 교육에서 발생하는 것이다. 이에 대한 대처방식 또한 비정규직 전문상담사를 내세워서 예산 부담을 떠넘기는 신자유주의적 처방으로 오늘과 같은 전문상담사들의 대량 계약해지 사태를 가져오게 된 본질적 문제이다.

이렇듯 학교 사회도 안은 전쟁터와 같지만 그곳에서 밀려나면 아무런 사회안전망이 없는 실업자가 되니 지옥과 다를 바 없고, 밀려나지 않기 위한 필사의 투쟁을 할 수밖에 없는 것이다.

학생들도 역시 경쟁교육으로 폭력과 왕따에 노출되고 자살 충동을 겪는 전쟁터 같은 학교에 다니지만 학교에서 벗어나면 학교 부적응자로 분류되어 사회 전체로부터 소외되는 지옥과 같은 상황에 직면하게 된다.

이제는 교육의 근본적인 혁신이 이루어져야 할 뿐만 아니라 모든 교육주체들이 지금의 교육현실에 공감하고 이에 대한 올바른 해법을 함께 찾아가야 한다. 당장 눈앞의 목적만 추구하다 보면 본질을 보지 못하게 되고 사회는 쳇바퀴 돌 듯 그렇게 굴러갈 것이기 때문이다.

흔들리는 교육 현장

요즘 교육현장은 다양한 의제들로 넘쳐나고 있다. 현장에 있는 사람은 쉽게 느낄 수 있지만 일반 시민은 아직 못 느낄 수고 있을 것이다. 그중 가장 이슈가 되는 중요한 의제는 의무급식을 둘러싼 논란이다.

지난 9월 23일 부산교육연구정보원 대강당은 700명에 달하는 학부모들의 열기로 가득 찼다. 부산광역시교육청에서 개최한 중학교 의무급식 실행 공청회에서 중학교 의무급식을 찬성하는 분들과 반대하는 분들의 열띤 토론이 있었기 때문이다.

찬성 논리는 다음과 같다.

첫째, 급식은 교육이지 복지가 아니라는 점이다. 학교급식을 통해 편식을 극복하고 식사예절을 배우며 친구들과의 관계를 형성하는 등 인성교육이 측면에서도 중요하다는 점이다. 중학교까지 의무교육을 실시하고 있고 헌법에서도 의무교육은 무상으로 한다고 명시되어 있기 때문에 의무급식 역시 이루어져야 하며, 아울러 교사들에게도 점심식사 시간은 별도의 휴식시간이 아니라 급식지도를 하는 근무시간으로 지정되어 있기에 급식은 교육으로 보아야 한다는 것이다.

둘째, 정서적으로 가장 예민할 때인 중학생 시기에 돈 내고 밥 먹는 학생과 돈 내지 않고 밥 먹는 학생이 있다는 것은 학생들 사이에서 저소득층을 구분하는 기준이 되기 때문에 하루라도 빨리 모두에게 평등한 급식을 하는 것이 교육적 조치라는 것이다.

셋째, 이미 10개 광역시·도에서 중학교까지 의무급식이 이루어지고 있는데 대한민국 제2의 도시라고 하는 부산에서 아직도 중학교 의무급식이 이루어지지 않는 것은 도시의 위상과 교육 경쟁력에서 문제가 있다는 점이다. 다른 시·도에서는 교육에 대한 투자를 높여서 이제는 도서지방에도 교육적 인프라가 상당히 구축되어 있는 반면 부산은 그렇지 않아도 인구 유출이 심하고 출산율이 전국에서 가장 낮은데, 교육 인프라까지 취약해서는 안 된다는 점이다.

반대로 의무급식에 반대하는 논리는 다음과 같다.

첫째, 급식비를 충분히 낼 수 있는 계층에게까지 굳이 무상급식을 실시할 필요는 없으므로 저소득층에게만 무상급식을 하는 선별적 복지를 하는 것이 옳으며, 남는 예산을 환경 개선이나 시설에 투자하는 것이 중요하다는 것이다.

둘째, 중학교까지 의무교육을 실시하고 있고 헌법에서도 의무교육은 무상으로 한다고 명시되어 있다고는 하지만 모든 것을 다 무상으로 하고 있지는 않으므로 급식보다는 환경 개선이 더 시급하고 우선되어야 한다는 것이다.

결국 반대하시는 분들도 의무급식 자체는 반대하지는 않지만 우선투자대상인지 먼저 검토해야 한다는 점이 대세였다.

10월 초순 부산 KBS 창사 80주년 부산시민 여론조사에서도 54% 이상의 시민들이 중학교 의무급식에 찬성하였고, 부산광역시교육청에서 학부모를 상대로 한 자체 여론조사에서도 80%의 찬성이 나왔다.

문제는 의무급식 예산을 심의하는 기관인 부산광역시의회에서 의무급식에 반대하고 있고 교육에 협력해야 할 부산광역시에서도 소극적이라는 점이다. 아무리 부산광역시교육청에서 의무급식 예산을 편성하더라도 의회에서 통과시키지 않으면 불가능하므로 정책당국인 교육청과 학부모, 학생 다수가 원하는 의무급식은 실현되지 않을 수도 있다.

다음으로는 어린이집 누리과정 예산이다.

현행법상으로 어린이집 누리과정은 정부에서 지원하고 있는 박근혜 대통령의 공약사항이다. 이미 2015년에 정부는 어린이집 누리과정 예산 지원을 지역교육청으로 전가시키려고 했다가 지방채 발행과 정부 예산 지원으로 우회하였다.

그런데 이번에는 공식적으로 지방교육재정교부금법 시행령을 개정하여 누리과정 예산을 교육청의 의무지출경비로 규정하려고 진행 중이다. 이에 대해 17개 시·도교육감들은 진보, 보수 할 것 없이 모두 반대하고 누리과정 예산 편성을 하지 않겠다고 선언했다.

부산만 해도 어린이집 누리과정 예산을 교육청에서 편성하면 기존 예산에서 약 1,000억 원을 빼서 어린이집 예산으로 편성해야 하니, 결국에는 초·중·고 등의 학교에 갈 예산이 그만

큰 줄어들 수밖에 없게 되는 셈이다. 지역교육청의 예산을 가지고 교육부가 교육현장을 이리저리 흔들고 있는 것이다.

그 외에도 부산 혁신학교인 부산다행복학교 공모가 진행 중에 있다. 혁신학교는 아이들과 교사, 학부모 대부분이 만족하고 있지만 정치권과 기득권을 가진 관료들만 반대하고 있다고 한다. 교사들이 혁신학교를 하려고 해도 반대하는 교장들도 있다고 하니 기가 찰 노릇이다.

교육은 스스로 제 갈 길을 찾아가고자 하는데, 교육현장은 상층 기득권을 가진 분들에 의해 흔들리고 있는 것 같아 매우 안타깝다. 지위 높은 정치권과 관료들이 자신들의 기득권을 유지하고 싶은 마음은 알겠지만, 그렇다고 아이들이 행복하고 교사들이 자긍심을 가지고 학부모들이 좋아하는 좋은 정책들까지 막아서야 되겠는가?

교육격차의 이해를 통한 개선방향 탐색

들어가며

교육격차에 대한 용어 또는 개념 정리는 매우 중요한 부분이다. 교육격차를 차이로 보는 관점도 존재하고, 또 현실적으로는 그렇게 이해할 가능성이 다분하므로 보다 엄밀한 개념 정립과 정책적 방향 설정을 위해서는 교육 불평등의 개념을 사용하는 것이 바람직하다.

물론 '평등' 혹은 '불평등'이라는 표현에는 어느 정도 정치적이고 이념적인 측면이 존재하고, 또 '평등' 혹은 '불평등'에 대해 엄격한 기준을 정하기는 어렵지만 현실적으로는 다수가 쉽게 이해할 수 있는 개념이라고 판단된다.

교육 기회의 불평등

'교육 기회의 불평등'은 대표적으로 부모의 사회 · 경제적 지위에 의한 차이가 가장 큰 부분을 차지하는데, 이는 이른바 흙수저, 금수저 논란의 배경이 되는 부분으로 이러한 교육 기회의 불평등을 해소하기 위한 정책이 바로 교육복지정책이다.

2017년 부산광역시교육청에서 한국교육개발원 교육정책네트워크에 공모하여 실시한 교육정책 컨설팅인 '교육격차 해소를 위한 교육복지 전달체계 중복성 개선 연구' 결과에 따르면, 각 부처별로 교육복지사업이 분절적으로 운영되고 있다는 점과 학교와 지역사회의 교육복지 유관사업의 주요 대상자에 있어 중복이 발생된다는 점을 문제점으로 지적하고 있다.

특히 교육부와 보건복지부, 여성가족부 외 기타 유관기관에서 시행하는 교육복지사업의 경우, 저소득층 학생을 주요 대상으로 학업·진로영역 중심의 지원이 이루어지다 보니 학교뿐만 아니라 지역사회 유관기관의 사업들 또한 중복됨으로써 매우 비효율적으로 운영되고 있으며 대상자 선정기준이 엄격하여 일반학생이나 희망학생은 교육복지로의 접근성이 낮은 점을 지적하고 있다.

따라서 교육복지의 중복성을 개선하여 저소득층 학생에서 희망학생과 일반학생으로 대상자를 확대하는 방안이 필요하며, 이를 위해 교육지원청 단위에서 학교 교육복지 담당자와 지자체 담당자, 유관기관 등 지역별 협의체를 구성하여 정기적으로 교육복지 대상자들에게 전달되는 교육복지 내용을 점검하고 적합성을 검토할 수 있어야 한다.

교육기회의 불평등 측면에서 보면, 신도시 지역에 새롭게 인구가 유입·밀집되어 신규 교사(校舍)가 건축되면서 상대적으로 학교 시설 및 예산 등의 측면에서 구도심 지역과의 차별이 발생할 수 있다.

이에 대한 대책으로 교육청에서는 낙후지역에 예산을 많이 투입하고 있으나 해당 지자체의 예산이 상대적으로 적을 경우 전체적으로는 불평등이 심화될 가능성이 있다. 따라서 교육지원청에서는, 투입 교육예산을 교육청 자체 예산에만 국한시킬 것이 아니라 지자체 및 관련기관의 예산을 합산하여 취약지역에 더 많은 예산이 투입될 수 있도록 조정하여야 한다.

교육과정의 불평등

교육과정상의 불평등 문제에 있어서는 학생들의 학습 경험의 수준뿐만 아니라 '좋은 교사'의 역할이 강조되어야 한다. 사회·경제적 지위에 따른, 부모의 학생에 대한 영향력 또는 멘토 역할에서 오는 차이는 사실상 해소하기가 불가능할 정도이지만 정책적으로 좋은 교사를 선발하여 취약지역에 배치함으로써 교육과정의 불평등을 어느 정도 해소할 수 있기 때문이다.

고교 다양화와 수준별 이동수업은 교육 불평등을 심화시키고 있으므로 폐지되어야 하며 오히려 학교 내 계층 다양성을 추구하는 것이 바람직하다*. 이러한 기반 위에서 협동수업, 역량강화수업 등 교육과정을 다양하게 재구성하는 방향으로 가야 한다. 교육 불평등을 해소할 수 있는 주요한 대안으로 혁신학교를 제시하고 있으나, 혁신학교의 확대 및 일반화 전략이 확산되지 않을 경우 또 다른 불평등의 요인으로 작용될 수 있는 양날의 칼이 될 수 있음을 경계해야 한다.

---

* 최근 부산광역시교육청 종단연구(BELS) 데이터를 활용한 정책연구 "교육격차의 원인 분석 및 해결방안" 연구 결과 부산의 급내상관계수(ICC)가 상당히 높은 수준으로 나타나 학교 간 교육격차의 심화에 대한 진단이 있었음.

교육과정의 운영에 있어서는 사교육 특히 선행학습으로 인한 수업 분위기 저해와 적정 수준의 수업 진행이 어려움으로 인해 불평등이 초래될 가능성이 높은데, 교육 불평등 지수의 경우 성취도 중심에서 벗어나 정의적 영역도 포함시켜 개발할 필요가 있다. 아울러 취약지역을 중심으로 지역사회의 교육자원을 최대한 확보하는 방안이 필요한바, 교육혁신지구 또는 마을교육공동체 등을 운영하여 학교교육과정과 마을교육과정을 통해 학습과 진로교육의 다양성을 확보하는 것도 필요하다.

교육 결과의 불평등

'기회의 평등이냐 결과의 평등이냐'는 논란의 대상이 될 수 있지만 롤즈의 정의론적 관점에서 볼 때 결과의 평등까지 포함하는 것이 옳다고 생각한다.

교육 결과는, 단기적으로는 상급학교 진학의 수준으로 나타나고 나아가서는 노동시장에서의 성취와 연관된다. 따라서 현행 대학 구조와 입시제도, 고교 서열화나 (국제중과 같은) 학교 서열화 정책은 초등학교 또는 그 이전부터 경쟁을 심화시키는 역할을 해왔고, 이로 인해 모든 교육 불평등을 초래하는 원인이 되었다고 해도 과언이 아니다.

계급 및 계층 대물림 현상은 같은 수준의 학력과 경력을 가지고 있더라도 부모의 사회·경제적 지위에 의해 결과의 불평등을 초래하는 것으로, 노동시장 진입과 승진 등의 구조에서도 역시 불평등이 존재한다.

결론

교육을 통해 사회적 불평등을 해소할 수는 없으나 교육으로 인하여 불평등이 심화되는 현상은 일어나지 않도록 해야 하며, 최소한 교육이 '희망의 사다리 역할'을 할 수 있도록 하는 것이 공교육의 과제이다.

또한 교육 불평등을 논의할 때 학력 격차를 중심에 두는 관행을 극복하고 개인별 특색의 반영과 학생역량중심 교육 등 새로운 교육 불평등 지표를 개발하여 성적과 경쟁 중심의 패러다임에서 역량과 협력 중심의 새로운 학력관에 입각한 패러다임으로 전환할 필요가 있으며, 이를 위해서는 교육혁신을 넘어 전반적인 사회체제 개혁이 수반되어야 한다.

교육복지제도의 정책과제에 따른
교육격차의 실태와 특징

들어가며

공교육은 균형교육 또는 평등교육의 기초 위에서 실행되어
야 할 과제를 안고 있으나 현실적으로는 부모의 사회·경제적
지위에 따라, 또는 지역 인프라 및 사회적 환경, 교육정책 등
다양한 요인에 의해 교육격차가 발생하고 있다.

지역 간 교육격차의 경우, 도시와 농·산·어촌 간의 교육격
차가 심각한 상황이며 도시의 경우 서울의 강남과 강북, 부산
의 동·서간 격차 등 신도시 지역과 구도시 지역 간 격차가 대
표적이다. 또한 대학 입시 및 특목고, 자사고, 일반고 등 학교
서열화에 따라 학교 간 교육격차 역시 그 간극이 증대되고 있
으며, 경제적 능력에 따른 사교육의 심화, 특히 고소득 가구의
사교육비 지출 증대로 사교육비 격차가 커지면서 계층 간 교
육 격차가 심화되고 있다.

따라서 지역 간·계층 간·학교 간 교육격차 완화를 위한 체
계적인 교육정책 수립과 추진은 이미 오래된 과제라고 해도 과
언이 아니며, 각 시·도교육청별로 다양한 연구와 시도가 이루
어지고 있다.

교육복지제도의 정책과제에 따른 교육격차의 실태와 특징

교육복지는 교육격차를 해소하기 위한 하나의 정책과제로 접근해왔기 때문에 교육격차의 관점에서 볼 때 교육복지는 교육격차의 하위 전략으로 볼 수 있다. 반면, 교육복지론의 관점에서는 교육복지의 결과로서 교육격차를 해소할 수 있다는 측면에서 접근하고 있다. 그렇다면 미래교육정책 또는 저출산 극복을 위한 교육개혁의 관점에서는 어떻게 접근하는 것이 바람직할 것인가.

교육 격차를 논의할 때 가장 중요한 부분이 학력 격차이다. 학력에 대한 논의는 다양할 수 있고 최근 새로운 학력관에 대한 연구도 진행되고 있으나 현재로서는 인지적 영역(학업성취도)*과 정의적 영역(미래역량)**으로 구분할 수 있으며, 실제적으로는 이 두 가지를 복합적으로 판단해야 한다.

또한 교육격차는 자원의 투입(교육기회)과 과정(교육과정), 결과라는 일련의 흐름으로 구조화되어 있으며, 사교육이나 학습시간 등은 교육기회의 격차에 해당되고 수업 집중과 교사 지원 및 열의는 교육과정에서의 격차에 해당된다고 볼 수 있다. 교육기회의 격차와 교육과정의 격차는 확인할 수 있으나 교육결과의 격차를 어떻게 정의할 것인가에 대해서는 지금까지 많

---

* 인지적 영역의 비교대상으로는 학업성취도 평가와 대학입시 정도가 대표적이다.

** 정의적 영역에서는 자기관리역량, 정보처리역량, 창의적 사고역량, 심미적 역량, 의사소통역량, 공동체역량으로 볼 수 있다.

은 논의가 이루어지지 않았다.

교육결과의 격차는, 똑같은 학벌과 스펙을 가졌을 경우 취업과 보수, 승진 등에서 격차가 나는 것으로 볼 수 있지만 이러한 범위까지 연구하는 경우는 드물다. 최근 회자되고 있는 금수저와 은수저, 흙수저 간 격차가 존재함을 부정할 수 없을 것이며, 이는 재벌 후손의 승진 속도와 일반사원의 승진 속도, 연예인 자녀들의 연예계 진입, 정치인 자녀의 정치 입문 속도 등을 살펴보면 쉽게 알 수 있다.

또한 교육격차는 크게 계층 간·지역 간·학교 간 격차로 나눌 수 있다.

계층 간 교육격차는, 부모의 사회·경제적 지위에 따라 자녀교육, 특히 사교육에 투자하는 수준이 달라짐으로써 교육기회 및 결과의 차이를 가져오는 대표적인 교육격차 실태이자 요인이다. 이때, 사교육이 교육격차의 원인이 되고 있는가의 문제는 논란의 여지가 있으므로 사교육의 참여비율보다는 사교육의 내용에 따른 실태조사가 더 필요하다.

예를 들어 초등학교의 사교육 참여 영역을 보면 교과교육보다는 문예체교육의 비중이 높은데, 이를 통해 자녀의 특기·적성을 계발하고자 사교육을 받게 함을 알 수 있다. 또 방과후학교나 각종 저소득층 지원을 통한 문예체 교육도 활성화되고 있기 때문에 초등학교는 사교육의 심각성이 덜하다고 볼 수 있다.

또한 부산광역시교육청에서 조사한 바에 따르면 주로 학교

교육에 대한 보충학습과 선행학습의 필요성 때문에 사교육에 참여하고 있는 것으로 나타났으며, 태권도 학원이나 미술학원, 공부방 등에 보내는 경우 사교육보다는 '자녀 돌봄'이 그 목적인 경우가 많았다.

따라서 일반적으로 교육격차의 지표로 삼는 '사교육 참여비율'도 의미는 있지만 보다 세부적으로 접근하여 '사교육의 종류와 참여 동기'도 구분할 필요가 있다. 고액과외와 학원, 학습지 등 사교육에도 그 투입 정도의 격차가 심하고 그에 따른 효과도 다를 수 있으며, 사교육을 받는 목적이 선행학습에 있는지 학교 교육에 대한 보충학습 때문인지 혹은 돌봄을 위해서인지, 또는 교과 사교육인지 문예체 사교육인지 등에 대한 보다 상세한 조사가 이루어질 필요가 있다. 그러한 실태조사 결과에 따라 정책적 대응도 달라질 수 있고 달라져야 하기 때문이다.

계층 간 교육격차로 분류될 수 있는 또 하나의 현상은 지역이동이다. 이는 지역 간 교육 격차를 심화시키는 원인이 되기도 하는데, 교육력이 취약한 농산어촌 또는 저개발지역의 경우 아이의 교육환경 개선을 위해 지역 이동을 선택함으로써 격차가 심화되기도 하며 이로 인한 학령인구의 감소로 폐교에 따른 지역 공동화를 초래하기도 한다.

지역 간 교육격차의 경우, 도시 지역과 농산어촌 간 교육격차가 가장 심각하나 도시지역 내에서도 신도심 지역과 원도심 지역 혹은 저개발지역 간의 격차가 심각한 것으로 나타나고 있다. 이는 비단 계층 간 차이를 넘어 지역 차원의 문화, 환경, 도시 인프라의 차이로 인한 심리적 격차까지 만들어내고 있으며, 지역이탈현상 역시 심화시킨다. 따라서 지역 간 교육격차 해소를 위한 별도의 정책대안을 만들어내야 한다. 부산의 경우 동·서 간 격차와 함께 신개발지역과 저개발지역 간 격차가 병존하고 있으며, 이에 대한 정책방향의 하나로 지역교육 협력사업을 제안하여 취약한 지역을 중심으로 마을교육공동체 조성사업을 추진하고 있다.

앞서 언급했듯 학교 간 교육격차의 경우 입시제도에 따른 학교 서열화가 가장 큰 원인인바, 이를 해소하기 위해서는 입시제도 개혁과 국제고, 외고, 자사고 등 입시 중심의 특목고에 대한 정비 및 개선이 필요하다. 아울러 일반고 역량 강화와 취약지역 학교의 기초학력을 강화하기 위한 정책방안도 필요하며, 보다 적극적으로는 교육환경이 열악한 지역에 우수하고 좋은 교사를 배치하고 보조 교사제나 대학생 멘토링 등을 통해 학생들의 자존감과 성취동기를 향상시키기 위한 맞춤형 정책이 필요하다.

2010년 이후 활성화된 교실수업개선과 학교혁신이 교육격차 해소에 도움이 되는가에 대한 논란이 있을 수 있다고 생각된다. 혁신학교는 교육의 본질을 찾기 위해 도입·추진되고 있어 교육격차 해소에 직접적인 영향은 없으나, 혁신학교가 주로 교육력이 취약한 학교에 집중적으로 배치되고 다양한 교육과정과 수업혁신을 추진한다면 교육격차 해소에 도움이 될 수 있을 것이라고 판단된다. 부산광역시교육청에서는 교육격차 해소를 위해 서부산권에 혁신학교를 우선 지정하고자 노력하고 있다.

교육 격차를 해소하기 위한 1차적인 노력은 교육복지의 확대라고 할 수 있으며, 이는 기회의 균등을 실현하는 측면에서 출발선을 동일하게 만들기 위한 것이다. 그러나 교육취약계층 학생을 위한 교육복지우선지원사업의 경우, 보건복지부 및 여성가족부, 지자체 등의 아동·청소년 복지사업과 대상자 및 프로그램 등에서 중복이 발생되고 있으며 수요자의 중복성에 대한 파악 없이 관련 부처별로 사업을 진행하고 있어 예산 낭비를 초래하고 있다. 또한, 학교 현장과 지역사회 복지 현장과의 대상자 및 프로그램 중복에 따른 대상 학생의 과도한 참여로 인해 사업의 효과성과 효율성 저하 문제가 발생하여 이에 대한 개선이 필요하다.

예를 들어 다문화 저소득층 자녀의 경우에는 교육복지 시행기관마다 수혜대상으로 선정함에 따라 여기저기서 많은 프로그램을 소화해야 하기 때문에 실질적으로는 대상 학생에게 큰 효과성을 발휘할 수 없어 비효율적일 뿐만 아니라 과잉복지 논란을 야기하기도 한다. 이에 따라 부산광역시교육청에서는 '교육복지 전달체계의 중복성'을 개선하기 위해 2017년에 한국교육개발원 교육정책네트워크에 교육정책 컨설팅 사업을 신청하여 현재 진행 중에 있다.

'교육복지 전달체계의 중복성 개선'은 17개 시·도교육청 모두가 공감하는 시급한 당면과제로서 교육격차 해소를 위해 반드시 해결해야 할 정책과제이다. 이에 부산광역시교육청의 사례를 바탕으로 17개 시·도교육청이 지역복지기관과의 원활한 연계를 통해 교육복지사업을 보다 효과적·효율적으로 수행함은 물론, 각 지역에 적합한 교육복지모델을 모색할 수 있는 계기가 될 것이라 판단된다.

마무리

교육격차 또는 교육 불평등은 현재 세계적 이슈가 되고 있으며, 이를 해소하기 위한 노력들도 상당히 진행되고 있다. 다만 우리의 경우, 교육격차가 점차 더 심화되고 있다고 느껴지는 것은 과거 '개천에서 용 난다'는 말이 이제는 더 이상 통하지 않을 뿐만 아니라 금수저, 흙수저 등 타고날 때부터 삶이 결정된다는 인식으로까지 발전했기 때문이다.

과거 한국사회에서 계층 상승의 주요 수단이 교육이었던 것에는 누구나 공감하나 최근에는 그런 기회조차 박탈당한다는 것에 대한 분노와 열패감이 커지면서 교육격차의 심화는 사회 양극화의 한 양태로 인식되고 있다. 바로 그러한 점을 염두에 두고, 사회 양극화의 완화 차원에서 (교육에서만이라도) 교육격차 해소를 위한 정책을 올바로 입안하고 추진해야 할 것이다.

교육균형발전의 관점에서 국가 수준에서 추진해야 할 정책—대입제도 개선, 교육복지정책의 체계화, 교육격차 해소를 위한 교육관계 법령 정비, 특목고·자사고 등 고교 서열화 폐지, 사교육 규제 강화 등—을 구체화시켜 교육부 또는 국가교육회의의 주요 과제로 삼아야 할 것이다. 또한 시·도교육청 차원에서 추진해야 할 정책—학생들의 기초학력 향상을 위한 방안 마련, 교육취약지역에 우수하고 좋은 교사를 배치하기 위한 인사 제도 개선, 교육격차 해소를 위한 지역협력사업 추진 등—과 학교 차원에서 추진해야 할 정책—교육복지 대상 학생 관리, 기초학력 미달학생 지원, 학생 상담, 수업혁신 등—에 대해 보다 구체적인 접근이 요구되며, 아울러 이를 위한 세부적 실천 방안 마련 및 교육관계자들의 의지가 더욱 중요하다고 생각한다.

교육격차의 원인 분석 및 해결방안

교육 불균형 해소를 위한 부산광역시교육청 업무 추진 경과

교육격차 문제는 우리 부산에서도 오랫동안 제기되어 온 것으로, 이를 해결하기 위해 지난 2011년 「부산광역시 교육균형발전에 대한 조례」를 제정, 시행하고 있으며 기본계획(5년 단위) 및 시행계획(매년)을 수립하여 교육균형발전에 노력하고 있다.

부산광역시교육청에서는 2004년부터 5개년 계획을 수립, 1단계(2004~2008), 2단계(2009~2013), 3단계(2014~2018)로 나누어 사업을 시행해왔으며 1단계에서는 취약지역인 서부산권 학교의 교육여건 개선사업을 중심으로 교육복지투자우선지원사업 확대 및 구포 · 구덕 · 반송 도서관 현대화 사업 등을 추진하였고, 2단계에서는 동 · 서 간 교육 불평등 해소를 위해 서부산권 고등학교 근무 교원 승진가산점 부여, 부산일과학고 설립, 부산자동차고 육성 지원 등의 사업을 진행하였다.

그러나 교육격차 실태가 알려지면 우려와 함께 비판도 거세짐에 따라 1, 2단계에서는 소극적인 대응을 통해 여론화를 경계해온 반면, 3단계(2015년)부터는 교육청 조직 개편에 따른 담당부서 변경과 함께 본격적으로 교육격차 해소를 위한 교육균형발전 업무를 추진해왔으며, 2017년에는 기존 교육격차 사업체계에 지역교육협력사업을 추가하여 4개 영역 23개 사업으로 틀을 갖추게 되었다.

4개 영역은 '학력 향상, 학생 역량 강화, 교육복지, 지역교육협력사업'으로, '학력'과 '역량'은 다소 중복되는 측면이 있으나 '학력'은 인지적 영역 특히 기초학력 강화와 수업 혁신에, '역량'은 문제해결역량으로서 정의적 영역에서의 역량 강화에 주력하였으며 '교육복지'는 교육복지 체계화를 통한 균등한 교육기회 보장에, '지역교육협력사업'은 지역의 인적 · 물적 자원을 학교 교육력 향상과 결합시키기 위해 마을교육공동체의 기반을 조성하는 데 주력하였다.

또한 2016년부터 부산광역시교육청 역점사업으로 '교육격차 해소'를 추진하면서 2017년 시 · 도교육청 평가 특색사업으로 '교육격차 해소'를 선정하게 되었으며, 2016년 시 · 도교육청 평가 시상금 67억 원을 교육격차 해소 업무에 투자하게 되었다.

「부산광역시 교육균형발전에 대한 조례」가 시행된 2011년에 '교육 불균형 해소를 위한 연구'가 시행된 이후, 2016년에는 부산광역시-부산광역시교육청 공동 세미나를 위해 '부산광역시 구 · 군간 교육 격차 실태와 교육정책 성과 분석' 연구를 시행하였다.

또한, 교육격차 해소의 일환으로 제기된 마을교육공동체 연구를 위해 2016년 한국교육개발원 교육정책네트워크 현장지원 연구에 공모하여 '지속가능한 마을교육공동체를 위한 학교와 마을간 상호협력체제 구성방안 연구'(중앙대 이희수 교수 책임연구)를 진행하였다.

그리고 2017년에는 역시 한국교육개발원 교육정책네트워크 컨설팅 지원사업에 공모하여 '교육격차 해소를 위한 교육복지 전달체계 중복성 개선 연구'를 진행하였으며, 이는 부산광역시-부산광역시교육청 공동세미나 주제로 발표할 예정이다.

한편, 부산교육정책연구소에서 2016년부터 실시한 종단연구(BELS) 역시 교육격차 해소 연구의 일환으로 볼 수 있다.

교육격차의 원인 분석 및 해결방안

동부산권과 서부산·원도심권의 학력 격차로 인해 자녀교육을 위한 거주지 이동이 활발해지고 있다는 부산일보의 보도(2017.3.2.)는 거주지 이동의 중요한 원인 가운데 교육문제가 있을 것이라는 추정인바, 이에 대해서는 보다 엄밀한 분석이 필요하다.

자녀교육을 이유로 거주지 이동이 있는 부분은 사실이지만 어느 정도의 규모인지는 구체적으로 밝혀지지 않았고 이동결과를 근거로 추정한 것일 뿐 세부적 조사가 뒷받침되지 못한 것이 자료를 제공한 기관의 입장이었으며, 부산의 동·서 간 격차는 교육문제만이 아니라 지역 간 격차와 양극화의 현상이므로 그중에 교육이 어느 정도의 영향을 미치고 있는지 그 규모와 영향력 등에 대해서는 깊이 있게 연구되어야 할 필요가 있다. 이후 부산일보는 시리즈를 통해 교육격차 문제를 본격적으로 다룸으로써 의미 있는 시도를 하였으나 기획이나 연구가 깊이 있게 뒷받침되지 못한 측면이 있다.

부산교육종단연구(BELS) 결과의 경우, 1차 연도만 진행되었기 때문에 결과에 대해 적극적인 해석을 부여하기는 다소 어려운 측면이 있다. 그러나 급내상관계수(ICC)를 보면, 학교급이 올라갈수록 그리고 서울보다 부산이 단위학교 학생 구성의 동질성이 강하다는 점에서 동·서 격차에 대한 설명과 가구소득이 미치는 영향, 부모의 기대교육수준, 사교육비와 연관된 많은 시사점을 던져주고 있어 상당히 큰 의미를 지니고 있다고 할 수 있다. 특히 창의력, 공감능력, 성취역량과 관련된 미래핵심역량에는 가정배경 변인이 큰 영향을 미치지 못하는 것 또한 교육균형발전 전략을 수립하는 데 큰 시사점을 준다.

현재 수준에서는 서부산권과 동부산권에 대한 교육 투자에 있어 교육청 단위에서는 서부산권에 교육 투자를 많이 하고 있을지라도 재정능력의 차이가 있는 지자체 단위의 투자까지 합친다면 문제는 달라질 수 있으므로 향후 교육투자 규모에서 검토될 필요가 있다.

정책대안으로, 학생 구성의 동질성 약화 및 학생 배경 특성의 다양화를 위해 중등교육단계의 학생 배정방식 변화를 제안하는 연구자도 있으나, 학생 배정 방식은 학생과 학부모의 민감한 민원과 연동되기 때문에 쉽게 변경하기 어려운 점이 있으며 최근 2016년 시민교육협의회에서는 고교 배정에 있어 광역

배정의 비중을 낮추고 지역 배정의 비중을 높이라는 제안을 하고 있는 실정이다.

또 2016년 부산광역시교육청에서 진행한 '중학교 학교군·중학구 조정 및 학생 배정 방법 개선' 연구용역에서도 현재 배정방식이 가장 유효하다는 연구 결과가 나온 점에서 (배정방식의 변화에 따른 민원의 폭주 등으로) 고교 배정 방식을 쉽게 변경하기 어려운 측면이 있다는 점을 확인할 수 있으며, 이처럼 조정이 어려울 경우 이를 대체할 수 있는 수업 혁신과 교육 투자가 뒷받침되어야 한다.

가정의 경제적 수준에 따라 교육격차는 갈수록 심화되고 있으며, 현재 진행 중인 교육격차 완화를 위한 각종 사업의 경우 일반적으로 안 하는 것보다는 효과가 있다. 그러나 짧은 시간에 동시다발적으로 많은 사업들이 학교에 투입되면서 나타난 사업 중복의 문제는 사업효과를 저하시키고 학교 현장의 피로감을 높이고 있다. 또한 관련사업의 내용과 방향이 학력 신장에 치중되어 있고 사업 운영과정에 개별학교의 특성을 유연하게 반영하기 어려운 점 역시 개선되어야 할 부분이다.

이러한 문제점이 발생한 것은 교육격차 해소를 특색사업으로 선정하면서 급하게 사업을 확대한 결과라고 볼 수 있으며, 교육청의 정책결정과정이 면밀하지 못했다는 점에서 반성해야 할 대목이다. 또한 교육청이나 교육지원청이 교육정책(사업)을 만드는 과정에서 유사사업에 대한 조사·분석 및 사업의 효과성 등에 대한 충분한 논의와 토론과정이 누락되었다는 점에서도 향후 개선되어야 할 부분이다.

　가장 중요한 것은 바로 초등학생 시기 조기 개입의 중요성이다. 교육청과 교육지원청, 그리고 학교에서 각별하게 고려해야 할 부분이 '초등학교 단계에서 격차 해소를 위한 노력에 집중해야 하는 것'임은 아무리 강조해도 지나치지 않을 것이며, 특히 초등학생에 대한 보습과 돌봄 기능을 지역사회와 연계하여 제공하는 것은 마을교육공동체나 다행복교육지구 차원에서 유념해야 할 대목이다. 또한 학습부진 대책과 정서 지원, 동기 부여, 진로 교육 역시 매우 중요한 영역이다.

　특히 대학생 멘토링의 경우, 대학 소재지를 기준으로 실시하는 기존의 멘토링을 지양하고 같은 지역 거주지 단위에서 대학생과 초·중·고 멘토링을 통해 공동체를 이루게 하는 방안을 추진해야 한다.

　마지막으로 강조하고 싶은 것은 '좋은 교사'의 역할이다. 경제적인 열악함을 교육이 전적으로 해결해줄 수 없다는 것은 자명한 사실이나 열악한 교육환경에 놓인 학생들에게 가장 중요한 영향을 주는 것은 역시 교사의 세심한 배려와 격려임은 틀림없다. 아이들의 학습 동기는 바로 좋은 교사의 관심과 격려에서 나오는 만큼 좋은 교사를 선정하고 배정하는 노력을 어떻게 할 것인가가 앞으로의 핵심과제라고 생각된다.

부산마을교육공동체의 실재와 방향

1. 부산마을교육공동체의 배경

부산마을교육공동체의 형성 배경은 네 가지로 요약할 수 있는데, '모두에게 행복한 부산교육을 위한 협력적 거버넌스의 필요성'이 그 첫 번째 배경이다. '입시를 위한 교육'을 지양하고 '삶을 위한 교육'을 지향하기 위해서는 교육패러다임의 전환이 절실하며 학교교육의 한계를 넘어서 지역사회의 인적·물적 자원이 교육의 장(場)으로 들어와 학생들의 다양한 꿈과 끼를 실현하기 위한 바탕이 되어야 한다는 사회적 요구가 높아졌다. 또한 '한 아이를 키우기 위해서는 온 마을이 필요하다.'는 아프리카 속담처럼 학교와 마을, 교육청과 지방자치단체 간 협력의 중요성이 더욱 커지고 있다.

둘째, 지역 간·계층 간 교육격차 해소를 위해서는 지역사회의 다양한 교육자원과 인프라를 체계적으로 연계해야 한다는 요구가 커졌다. 지역 간 소득격차에 따라 저개발지역의 공동화와 신개발지역으로의 집중 현상이 유발되면서 지역 간 교육격차가 발생하였고 경제적 취약지역을 중심으로 교육격차 해소를 위한 정책의 필요성이 대두되었다.

셋째, 학교 혁신과 교육개혁 확산의 필요성이다. 다행복학교(부산혁신학교)와 일반학교를 연결하는 마을교육공동체를 통해 교육의 본질을 추구하는 혁신교육을 확산하고 다행복지구(부산혁신교육지구) 사업의 근간으로서 역할을 할 수 있도록 해야 한다는 인식이 확대되었다.

넷째, 풍부한 마을의 교육자원과 경험이 부산마을교육공동체 형성의 배경이다. 북구 화명동 대천마을과 해운대구 반송동 등 오랜 시간을 거쳐 형성된 마을교육공동체의 풍부한 경험과 부산광역시 마을공동체 사업을 통한 마을공동체 인프라, 그리고 학부모공동체, 협동조합 등 다양한 교육공동체의 인프라가 구축되어 부산마을교육공동체가 형성되었다.

2. 부산마을교육공동체의 특징

1) 마을교육공동체를 통한 교육격차 해소

부산광역시교육청의 마을교육공동체는 교육격차 해소를 위한 사업의 일환으로 시작되었다. 부산의 교육격차는 일반적으로 동·서 간 격차로 인식되어왔으나, 지역 개발에 따른 지역별 편차가 다양하게 나타남에 따라 저개발지역과 신개발지역 간의 격차로 나타나고 있으며 이에 따라 전통적인 원도심 지역인 서부산권뿐만 아니라 동부산권 내에서도 저개발지역은 그 격차가 매우 심각해지고 있다. 이처럼 교육환경이 열악한 지역을 중심으로 기초학력 향상과 교육복지를 위해 교육정책을 투입함과 동시에 지역사회의 인적·물적 자원을 교육의 장(場)과 결합시켜 지역 전체의 교육력을 제고하는 마을교육공동체 조성사업의 필요성이 제기되었다.

2) 다양성을 기반으로 하는 마을교육공동체

화명동 대천마을과 반송동 희망세상 등 마을공동체 활동과 교육활동이 결합하면서 성장한 자생적 마을교육공동체 운동이 이미 그 뿌리를 내리고 있으며, 마을공동체 사업과 결합한 공동체와 학부모 단체, 여성 단체, 문화예술운동 단체 등이 학교와 네트워크 형태로 결합하여 마을교육공동체를 형성한 영도의 마을교육공동체가 결성되었다.

또한, 혁신학교의 원조인 금성초등학교 학부모를 중심으로 결성된 금성교육문화협동조합, 부산다행복학교(부산혁신학교)와 결합하여 교육공동체 활동을 추진하는 감천마을 나눔수레, 지역 인프라를 활용하여 만들어가는 괴정당리하단마을교육공동체, 학부모회를 중심으로 만들어가는 명장안락지역 마을교육공동체, 북카페 협동조합을 중심으로 마을교육공동체를 만들어가는 재송반여지역, 대안학교와 혁신학교 학부모 중심의 용당지역 등 지역 또는 마을의 특징이 반영되고 주체들의 조건에 맞게 스스로 만들어가는 마을교육공동체 등이 운영되고 있다.

3) 부산광역시교육청과 부산광역시청 간 협력관계

부산광역시교육청과 부산광역시청은, 교육감과 시장이 당

선자 신분 때부터 서로 협치를 약속하였고 분기별 교육행정협의회에 교육감과 시장이 반드시 참석하며 매년 부산광역시교육청과 부산광역시청 간 공동세미나를 통해 협력관계를 유지해 나가고 있다.

3. 부산마을교육공동체의 정책 방향

1) 비전

부산마을교육공동체는 마을과 학교가 아이들의 배움과 성장을 지원하기 위해 서로 연대하고 협력하는 교육생태계를 지향하여, '아이들의 다양한 꿈을 실현시키는 마을교육공동체'를 비전으로 설정하였다.

2) 가치

부산마을교육공동체는 교사나 학부모가 중심이 되어 마을교육 프로그램을 만드는 것이 아니라, 아이들이 스스로 하고 싶은 것을 할 수 있도록 배려하고 지원함으로써 '아이 중심'의 교육공동체를 지향하며 마을교육공동체에서 실행되는 활동은 아이들의 성장을 지향해야 한다는 '성장 지향'의 가치를 지닌다.

또한 서로 간의 차이를 인정하되 차별하지 않고 공동의 가치와 목표, 규범 등을 공유하는 위에서 소속감과 연대의식 및 교육공동체로서의 자기 정체성을 가지는 '공동체'를 지향하며, 마을교육공동체에서의 모든 활동과 실천은 민주적 의사수렴을 거쳐 민주적 방식에 의해 실행되어야 하고 마을교육공동체의 모든 구성원은 동등한 권리와 의무를 가지고 상호존중과 배려가 작동하도록 해야 한다는 '민주성'을 지향한다.

그리고 마을교육공동체에서의 모든 활동은 지역의 특성을 반영하고 지역의 발전과 비전을 제시하며 마을교육공동체에서 이루어지는 활동은 지역의 자원을 활용하여야 한다는 '지역성'을 지향한다.

3) 목표

첫째, 한 아이를 키우기 위해서는 온 마을이 필요하듯이 학교와 마을, 교육청과 지자체, 교사와 학부모, 주민이 모두 협력하고 연대하는 교육생태계를 조성한다.

둘째, 부산마을교육공동체는 마을교육을 통한 청소년 진로체험, 방과후 활동, 자기주도 학습과 아이들의 성장을 지원하기 위한 다양한 활동을 펼치며 학부모아카데미, 시민아카데미 등 주민을 대상으로 하는 다양한 수준의 평생학습체계를 구축하는 등 마을교육활동을 활성화한다.

셋째, 교사의 과도한 행정업무를 마을교육공동체와 나눔으로써 학교업무 경감을 통해 아이 중심의 학교가 되도록 지역사회의 역할을 제고하여 공교육 정상화에 기여한다.

4. 부산마을교육공동체의 주요 사업

1) 사업 목표

학부모를 중심으로 주민 주체의 마을교육단체와 학교가 결합하여 부산마을교육공동체를 형성하고 아이들을 위한 교육의 장(場)에 마을의 인적·물적 자원을 결합하여 지역 간 교육격차 해소에 기여하며 마을교육공동체 운영 및 학교혁신을 통해 학생들의 미래핵심역량을 강화하는 데 그 목표를 둔다.

2) 사업 방향 및 추진 체계

부산마을교육공동체는 아이들의 자립성과 자주성, 창의성을 보장하고 마을과 학교는 아이들의 활동을 지원함으로써 아이들이 마을교육공동체의 진정한 주인이 되도록 한다.

그리고 마을은 인적·물적 자원 및 다양한 프로그램과 활동 공간을 제공하고 학교는 교육장소 제공과 프로그램 홍보에 힘쓰며 마을과 학교가 교육과정을 공유함으로써 마을과 학교의 연계를 강화한다.

또한 교육청과 지방자치단체가 지원체계를 구축하여 교육청은 부산마을교육공동체 지원을 위한 기본계획 및 시행계획을 수립하고 학교와 마을의 연계를 지원하며 지방자치단체는 다양한 프로그램을 제공한다. 그리고 교육청과 지방자치단체는 행·재정적 지원과 함께 다행복지구 운영, 협동조합 설립 지원, 마을교육공동체의 활동을 지원하기 위한 거버넌스 구축 및 마을교육공동체 활동가 양성과 지원에 노력한다.

아울러 지역 내 대학 및 유관기관과의 지원체계를 구축하여 교육청은 지역 대학과 문화원, 청소년 수련관, 지역아동센터 등 지역 내 유관 기관과 업무협약을 추진하고 지역 대학 및 유관기관은 청소년 대상 프로그램 개설 또는 공간 제공 등 다양한 지원을 아끼지 않으며 같은 지역 내에 있는 대학생과 청소년 간 멘토링 사업을 통해 공동체성을 강화한다.

3) 추진 전략

마을교육공동체 사업주체, 다행복지구 사업주체, 학부모공동체 사업주체, 꿈비프로젝트 사업주체, 교육복지(희망의 사다리) 사업주체, 교육지원청 담당자, 현장교사, 마을활동가, 지방자치단체 마을공동체 담당자 등으로 구성된 지역교육협력 추진단을 운영한다.

지역교육협력 추진단은 부산마을교육공동체의 설립·운영과 다행복지구 선정·운영을 지원하고 지역(마을)교사 및 강사단 구축 및 운영, 지자체·유관기관 등과의 네트워크 형성과 지원, 마을교육공동체 및 다행복지구 담당자 연수와 활동가 양성, 지역협력사업 토론회 및 공청회 개최, 마을교육 아카데미 운영, 부산마을교육공동체 및 다행복지구 운영 사례 발표와 강연, 마을교육공동체 활동가 네트워크 구축 등의 역할을 담당한다.

4) 주요 사업내용

교육협동조합, 마을네트워크, 각종 단체 등 마을교육공동체의 모습은 다양하다. 학교 학부모회 및 운영위원회 간담회와 지역 내 학부모단체, 여성단체, 교육단체 활동가 네트워크를 지원하고 마을교육공동체 활동에 참여할 교사를 발굴하며 학교 관리자 간담회를 개최하는 등 지역별 마을교육공동체 설립을 지원한다.

또한, 지자체와 협력하여 다행복지구를 선정·운영하며 다행복학교(부산 혁신학교)를 기반으로 학교혁신을 추진하며 다행복지구 내 마을교육공동체 활동을 지원한다.

지역 내 학생, 학부모, 교사, 주민 등을 대상으로 부산마을교육공동체 주관의 지역(마을) 단위 교육발전을 위한 토론회 개최를 지원하고 지역별 특성을 고려한 주제를 선정하는 등 찾아가는 맞춤형 토론회를 개최한다.

'마을 바로 알기' 체험, 공동체 놀이, 지역문화 체험, 교육과정과 연계한 프로그램 발굴, 마을축제 기획 등 학교와 마을이 함께 개최하는 프로그램을 공모하고 추진한다.

방과후 활동, 진로체험, 자기주도학습 등 자발적 프로그램을 기획·운영하고 청소년 동아리, 주말 및 방학캠프, 학부모 아카데미, 주민 아카데미 등 마을학교를 운영한다.

마을교사 및 지역강사단 인력풀을 구축한다. 인력풀은 학부모, 주민, 대학, 시민사회단체 등 각계각층의 전문가 또는 인성, 문화, 예술, 정치, 경제, 평화, 통일, 노동, 다문화, 건축, 환경, 에

너지, 생태 등 다양한 영역의 마을교사 및 지역강사단으로 구성한다.

아울러, 지자체－대학－마을교육공동체 협력을 통한 멘토링을 운영하되 같은 마을에서 대학생과 청소년 간 멘토링을 연계함으로써 마을 기반 대학생 멘토링을 실시한다.

또한, 학교와 마을의 소통 창구로서 마을신문, 마을방송 등 미디어 사업을 지원하고 마을 미디어 활동가를 양성한다.

5. 부산마을교육공동체 중장기 계획

도입기(2016~2017년)에는 마을교육공동체 및 다행복지구 추진을 위한 연구, 지역별 교육 거버넌스 구축, 마을교육공동체 발굴 및 설립 지원, 다행복지구 선정 및 시범사업 실시, 마을교육공동체 조례 제정, 추진단 구성 및 지원센터 설립 등을 중점 추진한다.

정착기(2018~2019년)에는 마을교육공동체에 대한 현장 교사 및 관리자 대상 연수, 마을과 학교의 교육과정 연계, 마을교사 및 강사 인력풀 운영, 마을교육공동체 활동가 양성, 지역별 교육 거버넌스 구축 확대, 마을교육 활성화, 학교협동조합 설립 지원, 혁신학교 확대와 학교문화 혁신에 힘쓴다.

확산기(2020년~)에는 부산마을교육공동체 전 지역 확산, 학교협동조합 설립 확대, 마을교육과정과 학교교육과정의 결합, 마을교육과정 연구, 마을교육공동체 사업 성과 평가, 다행복지구 사업 일반화 등을 중점 추진한다.

4부

논평의 재구성

5년 전 부산참여연대 정책위원장을 하면서 발표한 논평과 성명들 중 일부를 이 책에 싣게 된 연유는 5년 전과 지금 부산의 모습이 별로 달라진 것이 없다는 사실 때문이다.

부산 시민의 안전문제에 대한 지자체의 대응이나 지방자치단체장의 마인드에도 별다른 변화가 없다. 각종 비리와 불법도 여전히 반복되고 있다. 세상살이가 힘든 노동자들과 중소 상공인, 영세 상인들의 어려움과 한숨, 부산을 떠나는 청년들의 모습도 변하지 않고 있다.

물론 5년이란 시간은 변화를 기대하기엔 짧을 수도 있는 기간이다. 그러나 촛불시민혁명을 거치면서 지금은 우리 사회의 곳곳에 남아 있는 적폐청산이 새로운 과제가 되었다. 그런 점에서 멀지 않은 시기의 우리 사회를 재조명해야 할 필요성을 느꼈다.

멀지도 가깝지도 않은 과거와 현재의 부산을 재조명해보면 어떤 모습일까? 잘못된 관습은 우리에게 어떻게 남아 있을까? 청산해야 할 적폐를 되짚어보는 것부터 시작해야 한다는 생각이 불현듯 들었다. 당시 내가 적었던 논평과 성명 중에서 부산과 관련된 일부를 통해 짚어본다. 혁신은 혁신의 대상과 목표를 분명히 할 때 가능하고, 혁신적인 사람이 할 수 있다고 믿는다.

　5년 전에 가졌던 부산의 모습에 대한 문제의식을 통해 오늘을 다시 조명하면서 오늘날 우리가 무엇을 어떻게 변화시키고 혁신해야 할 것인가를 생각해 보는 계기가 되었으면 한다.

　그리고 돌아오는 지방선거를 통해 새로운 부산을 만들었으면 한다.

부산시 폭염대책 사실상 실효성 없어

　최근 부산에 전에 없던 폭염이 연일 계속되고 있으며, 밤에도 열대야 현상이 지속되고 있다. 이에 따라 이미 두 명의 노인이 폭염으로 인해 사망하였고, 열 탈진, 열사병 등 온열질환으로 치료를 받은 시민이 40여 명을 넘었다. 일찍 시작된 무더위는 늦게까지 지속될 것으로 예상되므로 피해자는 더 늘어날 것으로 전망된다. 설상가상으로 전력대란까지 겹쳐 폭염 취약계층의 피해가 더 우려되는 상황이다.

　이에 따라 부산시에서도 12일 오전 시장이 직접 폭염피해 예방 긴급 대책회의를 개최하여 대책을 발표하였다. 그 대책을 살펴보면, 시와 구·군별로 폭염상황관리 TF팀을 구성했고, 학교나 건설업체 등에 무더운 오후 2시부터 5시 사이에 무더위 휴식 시간제를 지킬 것을 권장하는 것과 함께, 한낮 폭염을 피할 수 있도록 주민센터, 새마을금고, 은행, 복지관, 경로당 등 에어컨을 갖춘 시설 845곳을 '무더위 쉼터'로 운영하는 것, 그리고 재난도우미 5천여 명에게 문자 메시지를 보내 홀몸어르신이나 거동불편자등을 방문하도록 독려하는 것 등이다.

　그러나 부산시의 경우 TF팀의 팀장이 재난안전과장이며, 팀원은 7~8명밖에 되지 않아 재난안전과 차원에서만 구성될 뿐

다른 부서의 대책을 총괄할 수 없는 구조로 만들어져 있다고 확인이 되었고, 주민센터와 새마을금고, 은행 등은 업무시간이므로 잠시 일 보는 중에 더위를 식힐 수는 있어도 머무르기에는 적합하지 않을 뿐만 아니라 몇몇 주민 센터나 새마을금고의 경우 확인해 보니 그런 조치 자체를 모르거나 무더위 쉼터를 다른 곳으로 지정한 곳도 있었다는 점에서 그 대책의 실효성이 의심되지 않을 수 없다. 재난도우미 역시 문자 메시지를 통해 독거노인과 거동이 불편한 사람을 방문토록 독려한다는 것 자체도 얼마나 실효성이 있을지 의문이 들 수밖에 없다.

실제로 부산시는 지난해 경로당 2천 60곳에 1억 3천만 원, 사회복지시설 490곳에 3천200만 원을 냉방비로 지원하였으나 이런 예산은 턱없이 부족할 수밖에 없다. 부산시가 운영하는 무더위 쉼터 856곳 중 경로당 546곳에서 7~8월 하루 4시간 에어컨을 가동하는 데만 1억 2천400만 원이 필요한 실정이다. 부산발전연구원 조사에 따르면 무더위 쉼터 중 8백50여 곳은 전기료가 없어 냉방장치 가동이 중단되었다고도 한다.

또 한편 건강한 노인들이 거동이 불편한 독거노인을 돌보는 일자리 사업인 노노케어 사업은 부산지역에서만 2천여 명이 활동하고 있으며 2천3백여 명의 독거노인이 서비스를 받고 있다. 하지만 노노케어에 참여하는 어르신들 역시 노인이다 보니 폭염 시 최대한 활동을 축소하라는 공문이 내려와 오히려 노노케어 수혜 노인들은 폭염도우미들로부터 매일같이 건강상태를 확인받는 여타 독거노인들과 달리 폭염피해와 관련해서는 상대적으로 관심과 돌봄의 손길에서 소외되는 결과가 되었다. 왜냐하면 노인 돌보미 사업은 중복 서비스 제공을 제한하고 있어, 노노케어사업 서비스를 받는 독거노인들을 폭염 피해로부터 지켜낼 이렇다 할 보완장치는 없는 상태이기 때문이다.

이러한 문제점에 대해 보다 근본적으로는 지구 온난화와 아열대 기후로의 변화 등이 이미 오래전부터 예고된 것인데, 이런 문제에 대비하지 않고 있다가 갑자기 폭염이 닥쳤다고 하는 식이라면 정말 심각한 문제가 아닐 수 없다.

따라서 이러한 상황에 대비하기 위한 근본적인 처방이 필요하며, 자치단체별로 보다 구체적이고 실효성 있는 매뉴얼이 상시적으로 준비되어야 한다.

정부와 자치단체야말로 지구 온난화 시대에 대비하여 위기를 감지하고 구조해낼 효과적인 안전망을 갖추고 있어야 할 것이다. 그리고 재난 도우미들이 취약계층의 가구별 방문을 매일 할 수 있는 시스템을 마련하고, 폭염 대비 국민행동요령 등도 시민들이 쉽게 접할 수 있고 제대로 숙지해 실천할 수 있도록 해야 한다. 또 한편으로는 옥상 녹화, 단열채색 지붕, 도시농업, 태양광 발전 차양막, 열섬 완화 포장도로 등 도시의 인프라 구축도 필요할 것이다. (2013. 8. 14.)

"소 잃고 외양간 고치기"

관료조직은 사안이 발생하면 대책을 수립하는 것이 일상화되어 있다. 그리고 그 대책의 일환으로 대부분 TF를 구성한다. 그러나 잘 살펴보면 그 대책은 하던 일들을 조금씩 변형시키거나 덧붙이는 것에 불과하고, TF도 얼마 지나지 않아 흐지부지되는 경우가 허다하다. 그때그때 임기응변식으로 대응할 뿐 근본원인을 찾아 본질적으로 대책을 마련하려는 적극성이 보이지 않는다. 지금도 얼마나 많은 대책을 내놓고 있는가? 시민사회는 관료조직의 대응을 끝까지 지켜보고 개입해야만 소기의 성과를 거둘 수 있음을 잊지 말아야 한다.

(2018년 1월)

황령산 정상에 버스 주차장이 왜 필요하나?

　보도에 따르면 황령산 정상에 부산시가 예산 약 12억 원을 들여 대형버스 주차장을 조성한다고 한다. 부산시는 황령산 정상에 대형버스 주차장을 마련하여 관광객들에게 편의를 제공하겠다고 그 이유를 밝혔다. 그러나 대형버스 주차장 조성으로 인해 황령산이 훼손될 수 있어 매우 우려스럽다.

　황령산 봉수대 일대 관광 상품화 사업의 일환에 해당하는 이 사업은 부산진구 이헌승 국회의원의 주요공약에 해당하는 내용이다. 그러나 이를 통해 관광사업 활성화라는 명목을 앞세우면서 정작 부산시와 지역의 국회의원 모두 부산시민들이 향유하여야 할 권리에 대해서는 무관심한 것이 아닌가 하는 생각을 하게 한다.

　대형버스 주차장의 조성이 차량 통행량 증가와 그로 발생하는 매연문제, 또 숲의 훼손을 수반하는 일이라는 것은 자명한 사실이다. 부산시민이 즐겨 찾는 녹지공간으로서, 또 여가공간으로서의 가치는 고려하지 않은 채 관광지로서의 가치만을 고려하여 산 정상에 주차장을 만들고자 하는 부산시의 행정은 과연 부산시가 제일 먼저 고려하는 대상이 누구인가에 대한 의구심을 갖게 만든다.

부산시가 개발논리에 매몰되어버린 나머지, 보존하고 지켜내고자 하는 노력은 잃어버린 것이 아닌가 하는 우려를 감출 수 없다.

황령산은 회색도시 부산에서 살아가는 350여만 부산 시민들이 쉽게 찾을 수 있는 녹지공간이며 생활 속 휴식공간이다. 이러한 공간을 온전하게 부산시민이 누리고 오래도록 보전할 수 있게 하는 것이 아니라 또 하나의 난개발사례로 기억될 수 있는 이러한 정책은 재고되어야 하며, 이후에도 부산시는 부산시민을 위한 정책이 무엇인가에 대한 심도 깊은 고민을 하여야 할 것이다. (2013. 7. 26.)

"언제든지 황령산을 훼손할 가능성 있어"

황령산은 시민들이 가장 쉽게 접근할 수 있는 산이자 녹지공간이다. 지금도 황령산 정상까지 차도가 뚫려 있어 부산시민들이 자주 찾는 곳이기도 하다. 따라서 언제든지 황령산을 개발하려고 할 가능성이 상존한다. 시민들의 꾸준한 관심이 필요하다.

(2018년 1월)

부산시 문화예술기관도 허시장 사유물인가?

부산시는 지난 7월 11일 사상 첫 부산문화회관 관장에 박성택 씨를 임용했다. 이를 두고 지역 문화예술계에서 우려가 많다.

우려의 핵심은 박성택 씨가 첫 민간인 관장으로서 임명된 기준이 무엇인가라는 점이다.

첫째로 그는 부산지역의 문화 예술을 잘 이해할 수 있는 사람이 아니다. 그는 1987년부터 25년 동안 '예술의 전당'에서 근무해온 사람으로, 부산의 문화예술을 이해할 수 있는 역할을 해온 적이 없다.

둘째, 그는 '예술의 전당' 퇴직 직전 3년 동안은 사무처장으로 재직하면서 카페, 식당 등의 돈벌이 중심의 운영을 해왔다는 비판을 받았다. 그가 취임사에서 밝힌 3가지 정책목표로 고객 중심 경영체제 확립, 예술단 사업 활성화, 친시민적 문화 공간 조성을 제시했다. 이를 위해 예술사업과 마케팅 부문을 강화하겠다는 문화회관 조직 개편 구상을 밝히기도 했다. 참 그럴듯한 표현으로 수식하고 있지만 이제부터 경영합리화를 위해 돈벌이에 나서겠다는 신자유주의를 선언하는 것과 다를 바 없다는 점을 보여준다.

셋째, 그는 자신이 공모에 응한 이유를 "부산시민들에게 좀 더 새롭고 창의적인 문화, 품격 높은 문화의 세계를 보여주고 싶었기 때문"이라고 했는데, 한마디로 부산시민이 촌놈이라는 뉘앙스를 풍기고 있다.

마지막 팁은, '예술의 전당'은 공공시설임에도 상주 예술단 없이 대관 위주로 시설을 운영했다고 한다. 반면 부산문화회관은 7개의 상주예술단, 약 500명에 가까운 시립예술단원이 상주하고 있고 부산시 예산으로 운영된다. '예술의 전당'과 문화회관이 이렇게 다른데, 이제는 '예술의 전당'처럼 바꾸겠다는 것을 의미하는 것 같다.

이상의 몇 가지 점에서 볼 때 그는 도저히 민간인 관장으로서 자격과 품격이 모자란다고 판단된다.

분명히 말하건대, 부산시민들은 박성택 씨가 유능하거나, 부산의 문화를 잘 이해하고 공로가 많아서 임명되었다고 생각하지 않는다. 그는 오로지 허남식 시장이 무리하게 추진하고 있는 오페라하우스에 대해 옹호하는 발언을 해왔기 때문에 발탁된 것으로 밖에 이해되지 않는다. 부산시의 인사정책이 바로 그렇게 작동하고 있기 때문이다.

이미 부산시는 그동안 부산시 산하 대부분의 공기업과 관련하여 허남식 시장 측근의 고위 공무원들에게 보은인사를 해왔다. 그 관성이 문화예술방면에서도 나타나고 있다. 최근 부산시의 인사를 보면, 부산문화회관 만이 아니다. 부산비엔날레 운영위원장 자리도 하나마나 내정되어 있다는 얘기가 이미 파다하다. 시립미술관 관장 연임과 부산국제연극제 집행위원장 등 인사에도 깊숙이 개입하고 있다는 후문이다.

허남식 시장은 부산시의 모든 기관을 사유화하고 있고, 이 제는 문화예술기관 조차도 사유화하고 있다. 권력 언저리에 있는 누구도 이를 제지하지 못하고 있다. 마치 자기와 코드가 다른 문화예술계의 인물을 모두 쫓아내고 자신의 사람들로 채운 이명박 전 대통령을 보는 듯하다.

의미 없는 말이지만 각성을 촉구한다. (2013. 7. 15.)

"부산국제영화제 조직위원회와 서병수 시장"

행정기관의 장이 되면, 해당 지역의 조직에 대한 인사권을 지배하고 싶은 욕구가 있다. 아니 자신의 선거와 입지를 위해 자리를 이용한다고 하는 것이 맞을 것이다. 그 결과로 문화예술에 대한 몰이해에 바탕한 행정이 이루어지게 되기도 한다. 허남식 시장과 서병수 시장이 겹쳐서 보이는 이유이기도 하다.

(2018년 1월)

끝없는 원전비리! 고리 1호기부터 폐쇄하라

그린피스의 광안대교 시위를 지지하며

그린피스 활동가 4명이 광안대교 위 90미터 상공에서 원전 비상구역을 30km로 확대하라고 시위한지 이틀째다. 일단 부산의 시민단체로서 시민의 안전문제에 대해 우리 스스로 이 문제를 해결하지 못하고, 부산을 방문한 그린피스 활동가들이 나서서 그 위험한 시위를 하게 되었다는 점에서 참으로 부끄럽게 생각한다. 그들의 활동과 요구는 정당성이 있으며, 우리는 그들을 지지한다.

그들 4명 중 3명은 한국인이 아닌 외국인이다.

부산에 활동기반을 두고 있는 많은 시민단체들이 그동안 숱하게 원전 폐쇄와 반핵활동을 해왔지만 정작 정부는 '소귀에 경 읽기'로 일관했다.

후쿠시마 원전사고가 터져 많은 인명이 살상되고, 참혹한 환경파괴로 인해 사람뿐만 아니라 생명이 살 수 없는 지경이 되었지만 정부는 여전히 문제없다고 하였다.

그래서인가? 부패와 비리가 끊이지 않고 있는데도 원전에 대한 기본적인 태도에는 변함이 없다. 검찰수사는 이제 부산 동부지청의 '원전비리 수사단'의 범위를 넘어 전국적으로 확대되었다.

그렇게 원전마피아들은 앞에서는 원전의 안전성과 효율성을 떠들면서 뒤에서는 자신들의 잇속을 챙기기 위해 온갖 비리와 부패를 저질렀다.

있어서는 안 될 일일 뿐만 아니라 천벌을 받아 마땅한 일이다. 수사는 단순히 대가성 금품수수자에게만 한정할 일이 아니다. 보이지 않게 이를 조장한 원전안전위원회와 그 상층까지도 철저하게 수사해서 뿌리 뽑아야 한다.

아울러 이번 기회에 수명이 끝난 고리 1호기를 완전 폐쇄해야 한다. 원전마피아들은 고리 1호기를 폐쇄하게 되면 이 처리 문제 때문에 자신들이 그동안 거짓 주장한 비용이 급상승하게 되는 것을 증명하는 것이 되므로 국민 안전이야 어떻게 되든 자신들의 잘못을 감추기 위해서 고리 1호기를 계속 가동해야 한다고 주장한 것이다.

정부는 궁극적으로 핵발전소를 완전 폐쇄하는 탈핵정책으로 전환해야 한다. 그리고 당장 수명이 끝난 고리 1호기를 폐쇄해야 한다. 고리 1호기의 폐쇄는 원전정책을 변화시키는 수준도 아니다. 정말 시민의 안전을 털끝만큼이라도 생각한다면 너무나 당연한 사안이다.

그런데 많은 시민단체와 시민들이 수명이 다한 고리1호기를 폐쇄해야 한다고 했을 때에도 그들은 수용하지 않았다. 이제 이는 부산시민의 자존심을 걸고 싸워야 할 사안이다. (2013. 7. 10.)

"탈원전 정책이 지속적으로 이루어져야"

5년 전 그린피스 활동가 4명이 광안대교 위 상공에서 고공시
위를 벌였다. 일반인으로서는 엄두도 못 낼 행동이었다. 그들
의 주장은 원전비상구역을 30km로 하라는 것이었다. 한국인
도, 부산사람도 아닌 외국인들이 3명이나 그 시위에 동참했을
때 부산사람으로서 부끄럽지 않았다면, 스스로 자신을 돌아
봐야 하지 않았을까?

고리 1호기는 폐쇄되었지만, 신고리 5, 6호기는 건설한다고
한다. 시민공론의 장에서, 숙의민주주의를 통해서 결정했다.
다시 생각해보면 정말 깊이 있게 충분히 토론했을까? 참가자
는 공정하게 분배되었는가? 학습할 시간은 충분히 주어졌는
가? 그렇다고 공약을 뒤집어도 되는가? 여러 가지 의문이 들
게 하는 과정이었다.

원전마피아가 끊이지 않고 집요하게 재생되고 있음을 우리는
생생히 보았다. 진보진영과 시민사회의 성숙한 대응과 정권
의 의지도 중요한 대목이었다.

(2018년 1월)

갑을관계의 청산은 경제민주화를 넘어
패러다임의 변화를 추구해야

비행기 승무원을 괴롭힌 '라면 상무', 호텔 주차관리원을 장지갑으로 폭행한 '빵사장', 그리고 대기업 영업사원의 대리점주를 향한 폭언과 협박 등 이른바 갑의 을에 대한 횡포가 사회적 문제가 되고 있다.

소위 갑을관계는 오랫동안 우리 사회에 만연한 '일방적 관계'이며, 가진 자와 가지지 못한 자의 관계, 재벌 대기업과 중소 하청업체의 관계, 주무 관청과 위탁업체의 관계, 주인과 세입자의 관계 등으로 다양하게 나타난다. 심지어 권력 구조에서조차도 갑을관계가 명확하게 나타나는데, 박근혜 대통령 방미 중 발생한 윤창중 전 청와대 대변인의 성추행사건도 전형적인 갑을관계에서 비롯된 것이다.

이런 갑을관계는 사실 우리 사회의 뿌리 깊은 고질병의 하나로, 하루 술값이 수백만 원씩 하는 고급 룸살롱이나 최소한 백만 원을 호가하는 유흥주점이 대기업 본사 주변에 많다는 것은 알 만한 사람은 다 아는 사실 아닌가? 그만큼 우리사회의 병폐 중 하나인 접대문화도 결국은 갑을관계에서 비롯되었다고 해도 과언이 아니다.

그래서 최근 정치권에서 갑을관계 청산을 위해 다양한 노력을 하고 있고, 이의 해법으로 경제민주화법을 제정한다는 등 호들갑을 떨고 있지만 여전히 '을'은 숨죽이며 이를 지켜보고 있다. 일부 '을'은 갑의 횡포에 대해 분노하고 고발하는 등 저항을 하고 있지만 이도 얼마나 유지될 수 있을지 알 수 없다. 여전히 '갑'들은 이 사태가 그냥 조용히 지나가기만 기다리고 있을 뿐이다.

경제민주화법이 제정되면 갑을관계 청산이 과연 가능할 것인가에 대해 확신이 서지 않는다. 오히려 근본적인 패러다임의 변화가 필요하다고 생각한다.

근본적 패러다임은 경제의 기본원리에서부터 변화를 추진해야 한다는 말이다. 한국사회에서 배우고 가르치는 경제의 기본 모형은 '이윤 극대화' 모형이다. 이 이윤 극대화 모형은 자본이 궁극적으로 추구하는 이윤 추구와 가장 부합하는 이론이라고 소개되고 있지만, 반드시 이윤 극대화만이 이 사회를 발전시키고, 유지시킬 이유는 없다.

이윤 극대화야말로 결국 비용 극소화로 연결되어 납품단가 인하와 비용의 하청업체(을)로의 전가, 그리고 외부효과의 발생에 대한 사회적 비용 증대, 비정규직의 사용, 독과점업체의 담합가격 형성 등 모든 갑을관계를 만드는 중요한 이데올로기이자 기본원리로서 작동하고 있기 때문이다.

이미 우리 사회에도 시장만능 자본주의의 모순이 팽배해져 있으므로, 협동을 기반으로 하는 사회적 경제의 필요성이 제기되고 있다. 지난해 12월 협동조합기본법이 시행된 이후 4개월

만에 만들어진 협동조합이 700여개가 된다고 하지 않는가?

　이러한 사회적 경제 모형을 통해 이윤 극대화 이론이 아닌 새로운 경제모형을 교과서로 채택하기 위한 노력, 공동체의 건설과 공동의 이익을 추구하는 가치체계의 형성 등 근본적인 경제 패러다임을 재구축해야만 갑을관계가 근본적으로 해결될 수 있을 것이다.

　이를 위해서는 학계에서의 자각과 정부 차원의 대책도 중요할 뿐만 아니라 우리 사회 구성원들의 총체적인 노력이 따라야 한다. (2013. 5. 23.)

"우리 사회의 갑질은 계속되고 있다"

지난해 촛불 시민혁명을 통해 적폐청산의 분위기가 고조되었다가 조금 진정되는 모양새다. 우리 사회의 적폐는 너무나 오랫동안 지속되어왔기 때문에 적폐청산의 피로도가 누적된다는 언론 보도는 기득권 세력의 치밀한 계산에서 나오는 얘기에 불과하다. 그런데도 벌써 '이제 됐다.'는 말들이 만연하고 있다. '정치보복'이라고도 한다.

아니다. 우리사회의 적폐는 켜켜이 쌓여 있어 그 청산에 수십 년이 걸릴 수도 있다. 혹여 중단될 가능성도 높아 매우 두렵다. 또한 갑질은 사실 시민들의 일상에도 깊숙이 자리 잡고 있

다. 적폐청산과 갑질문화 개선은 국민운동 차원에서 계속되
어야 한다. 시민의식의 성숙이 절실히 필요한 때다.

(2018년 1월)

탈법과 편법의 택시요금 인상분 나눠먹기

부산지역 택시조합과 택시노동조합이 택시요금 인상분에 대한 사납금 조정결과 6:4의 비율로 합의하였다. 택시 노사는 1인1차제의 경우 현행 124,000원에서 6,000원을 인상한 130,000원으로 사납금을 결정하였고, 2인1차제(교대제)의 경우에는 현행 90,000원에서 4,000원을 인상한 94,000원으로 사납금을 결정하는 데 합의하였다. 대신에 임금은 동결하기로 합의하였다고 한다.

결론적으로 사납금은 인상하여 택시 사용자의 배는 불리고 있지만 과연 근로자도 근로조건이 개선되었다고 볼 수 있는가는 의문이다.

문제는 2010년 7월부터 적용되고 있는 택시 최저임금제도가 편법적으로 적용되고 있는 점이다.

2012년 부산지역 택시근로자의 소정근로시간은 1인1차제의 경우에는 5시간 40분이며, 2인1차제의 경우는 5시간 20분으로 조정되어 있었다. 그러나 택시요금 인상분에서 근로자가 60%를 가져가고 사용자가 40%를 가져가면서 임금을 동결하였기 때문에 그대로 적용하면 최저임금법 적용을 위해 소정근로시간은 각각 1시간을 단축하여, 1인1차제의 경우에는 4시간

40분으로, 2인1차제의 경우에는 4시간 20분으로 조정했다는 것이다.

그 결과 임금은 동결하되 야간근로수당은 1인1차제의 경우 10만4,558원에서 12만6,960원으로 올리고 대신 정기상여금은 11만3,333원에서 9만1,000원으로 낮춰 임금총액은 105만9,693원으로 변동이 없고, 2인1차제도 야간근로수당은 5만4,063원에서 6만6,538원으로 인상하고 정기상여금은 10만6,667원에서 9만4,000원으로 조정해 임금총액은 91만8,205원으로 종전과 같다.

또한 월 소정근로시간의 경우 1인1차제는 170시간에서 140시간으로, 2인1차제는 160시간에서 130시간으로 각각 단축되었고 최저시급의 경우에 1인1차제는 4,546원에서 5,520원으로, 2인1차제는 4,325원에서 5,323원으로 인상했다.

결국 소정 근로시간 조정을 통해 법정 최저임금 문제를 비켜간 것으로 보이지만 이는 명백히 근로기준법 위반이자 최저임금법 위반이라고 볼 수 있다. 택시근로자의 실 근로시간은 이보다 훨씬 길다는 것을 모르는 사람은 없다. 부산시 교통국과 부산지방고용노동청에서도 이러한 문제를 모를 리 없다. 그러면서도 이 문제를 눈감고 넘어가는 것은 명백한 편법이자 탈법이다.

부산지방고용노동청은 택시 최저임금실태를 정확하게 조사하여 택시근로자의 최저임금 및 소정근로시간을 제대로 조사해서 적용해야 하며, 부산광역시 또한 시민들의 택시요금 인상을 통해 택시사업주의 배만 불리는 편법행정을 중단하고, 감차 등 근본적 대안을 마련해 택시근로자의 처우개선에 앞장서야 한다.

택시요금 인상분에 있어 최소경비를 제외하고는 택시근로자의 처우개선에 사용하기로 합의한 내용에 대해 부산참여연대는 지난 3월 15일자 성명을 통해 택시노사는 이를 제대로 관철하고, 부산시도 이에 대한 책임 있는 지도를 요청한 바 있다.
(2013. 4. 4.)

"꼼수는 이제 그만"

이러한 경우는 자본가가 노동자의 처우개선을 명분으로 자신의 이윤을 관철시키는 무임승차를 한 전형적인 사례이다. 자본주의 사회에서 자본가의 '합리적 이윤 실현'이 문제될 수는 없다. 투명하게 하는 것이 올바르지 않을까? 꼼수보다 합리적인 처우 개선과 이윤 실현을 제시할 필요가 있다.

(2018년 1월)

수영만 요트경기장 재개발에
부산시가 목숨 거는 이유는?

수영만 요트경기장 재개발에 부산시가 목숨 거는 이유를 알수 없다. 4월 2일 개최된 전문가 자문회의에서 보인 부산시의 발언과 행동은 도저히 납득이 되지 않는다.

첫째, 부산시는 전문가 · 자문회의를 개최하면서 그 구성원들을 부산시가 일방적으로 결정하였다. 그랬다면 회의라도 원활하게 할 수 있도록 사전에 자료를 제공했어야 했다. 그러나 부산시는 사전에 일체의 자료 제공 없이 전문가 자문회의를 개최하였다.

최소한 (가칭)아이파크마리나 주식회사*와 주무관청인 부산시가 맺은 『수영만 요트경기장 재개발 민간투자사업 실시협약(안)』(이하 실시협약안) 정도는 제공되고 회의가 개최되어야 하지만 61쪽이나 되는 실시협약안을 회의 자리에서 처음 제시하는 것은 무리가 아니냐는 지적에 부산시는 이미 보도된 신문을 모두 보았을 것이므로 쟁점을 알고 있을 거라고 생각했다고 답변하였다.

부산시가 전문가 · 자문회의를 통보할 때 보도된 뉴스기사

---

* 재개발업체인 현대산업개발 컨소시엄으로 구성

를 숙지하고 오라는 안내는 '물론' 없었다. 전문가들을 활용하는 부산시의 단순무식하고 일방적인 밀어붙이기 사업방식이 단적으로 드러난 행태라 아니할 수 없다.

둘째, 부산참여연대를 대표해서 참석한 송덕용 회계사가 공공시설보다 상업시설이 증가한 문제점을 지적한 대목에서는 해상시설을 다시 짓는다는 답변으로 동문서답을 하기도 했다.

셋째, 송덕용 회계사가 "부산시 자료를 보면 창고인 요트계류장 건축비는 m²당 240만 원대이지만 특급호텔과 컨벤션 건축비는 m²당 169만 원으로 더 싼 것으로 계산돼 있어 상식적으로 이해가 안 된다."면서 "끼워 맞추기 식으로 사업비를 책정한 것 아니냐?"는 의혹에 대해 부산시 이갑준 문화체육관광국장은 "전문가들이 재무성과 건설비, 설계비에 대한 검증을 실시했다."고 반박했다가 회의가 끝난 뒤 자료가 잘못되었다고 해명했다고 한다. 부산시의 국장이 내용도 제대로 파악하지 못하고 있을 뿐만 아니라, 전문가·자문회의에서 나온 질의내용도 제대로 이해하지 못하고 있어 자질마저 의심된다.

그 외에도 전문가·자문회의에서 지적된 내용들은 이미 그 전에 많은 사람들이 여러 차례 언급해왔던 것이었음에도 그 동안 부산시는 계속 외면해왔다. 그러다가 이번에 자신들이 구성한 전문가·자문회의에서조차 문제점을 지적하자 이제 와서 재협상 운운하고 있지만, 그 저의가 의심되지 않을 수 없다.

이렇듯 부산시가 수영만 재개발 사업을 강행하려는 이유가 무엇인지 상식적으로 납득되지 않고 있는데, 이는 결국 시민들에게 밝힐 수 없는 그 무엇이 있기 때문이 아닌가라는 의구심마저 들고 있다. 현재 실시협약안은 명백히 민간사업자를 배불리기 위한 특혜라는 것이 드러난 만큼 즉시 폐기하고 다시 근본에서부터 재검토해야 한다. (2013. 4. 4.)

"정부 및 지자체의 정책 변경"

이 논평을 적은 지 5년이 지났다. 다시 글을 읽으면서, 그 사이 3년 4개월을 교육청 정책관리담당 사무관으로 재직하면서 보고 듣고 느낀 것이 오버랩된다.

정책에는 오류도 있을 수 있고, 집행과정에서 실수도 있을 수 있다. 중요한 것은 그것을 빨리 파악하고 바로잡는 것이다. 물론 그 과정에서 담당자에게는 여러 가지 불편함이나 감당해야 할 힘든 부분이 있을 것이다.

그래서인지 일부 공무원들은 자신의 실수나 잘못을 인정하지 않으려는 경향이 있다. 근본적 대책 없이 잘못된 것을 자꾸 부분적으로 보완하면서 관철시키려 한다. 그러나 첫 단추가 잘못 끼워지면 결국 아무리 보완해도 제대로 되지 않는 경우가 많다.

일부 공무원들의 경우 승진을 최우선 가치로 삼고 있기 때문에 그런 행동양상을 보일 수도 있다. 따라서 정책은 단체장의 구체적이고 명확한 지시가 있을 때 가장 쉽게 변경할 수 있으며 제대로 시행 가능하다. 결국 단체장의 의지의 문제로 귀결되는 이유도 바로 거기에 있다.

(2018년 2월)

택시요금 인상의 근거는 택시기사의 처우개선이지 사납금 인상이 아니다

부산지역 택시조합과 택시노조는 택시요금 인상에 따른 부산지역 택시 노사의 운전자 임금 및 운송 수입금 조정을 위한 노사 교섭을 진행하고 있다. 택시노사는 지난 5일 제20차 노사교섭을 갖고 노사 양측 1~2명의 노사교섭위원으로 소위원회 구성·운영을 합의하였다.

현재 택시 노사는 임금협약에 따라 하루 1인1차제의 경우 12만4,000원, 2인1차제(2교대제)는 9만 원을 운송수입금으로 내고 있다. 이번 노사 교섭은 택시요금 인상에 따른 운전자의 임금 인상률과 운송수입금 인상폭이 쟁점이 되고 있다.

택시 사업주 측은 2인1차제의 경우 하루 30회의 승객을 태운다고 가정하여 18,000원의 인상효과가 있으므로 9,000원의 운송수입금을 인상하고, 1인 1차제의 경우에는 40회의 승객을 태운다고 가정하여 24,000원의 인상효과가 있으니 10,000원의 운송수입금을 인상하겠다는 것으로 알려지고 있다.

이에 대해 택시 운전자들은 2인1차제의 경우 하루 평균 20회의 승객이 탑승하고 있으므로 12,000원의 인상효과가 있으며, 1인1차제의 경우에는 25회 정도의 승객탑승이 이루어지고 있으므로 15,000원의 인상효과에 불과하다는 의견이다.

택시 사업주들의 요구대로 운송수입금을 인상할 경우 2인 1차제는 90,000원에서 99,000원, 1인1차제는 124,000원에서 134,000원으로 사납금이 인상된다. 겉으로는 운전자와 회사가 요금 인상분을 5:5로 나누어 가져가는 것 같아 그럴싸해 보이지만 그것은 어디까지나 승객이 회사의 바람대로 탑승을 했을 경우에 해당되는 것이다.

현장의 기사들이 느끼는 승객의 탑승횟수와는 격차가 많을 뿐만 아니라 오히려 요금 인상으로 손님은 줄어들었고 택시 감차는 이루어지지 않고 있기 때문에 이전보다 훨씬 더 큰 고통을 받을 가능성이 농후하다. 결국 택시요금 인상 효과는 사업주들이 대부분 가져가는 것으로 귀결될 것이다.

택시요금은 2013년 1월 1일부터 기본요금만 2,200원에서 2,800원으로 전체 평균 16.23%나 인상되었다. 시민들은 택시 운전자들의 열악한 임금 현실과 근로 조건을 개선하자는 데 어느 정도 동의가 되었기 때문에 택시요금 인상을 말없이 받아들였다.

그리고 부산시는 지난해 5월 택시 기본요금을 인상하면서 택시조합과 택시노조 양측에 '기본요금 인상에 따른 이익 가운데 최소한의 경비 증가분을 제외하고는 모두 기사들의 처우 개선에 사용하라.'고 권고했고, 당시 택시조합과 택시노조 관계자들은 부산시의 권고에 구두로 합의한 바 있다.

당초 택시요금을 인상할 때는 택시 운전자들의 저소득과 처우개선을 내세워서 인상의 당위성을 강조했지만, 막상 택시요금이 인상되자 인상분을 나눠먹기 위한 협상이 진행되고 있어 참으로 유감이다. 부산시와 택시조합, 그리고 택시노조 모두 부산시민들과의 약속을 지키는 모습을 보여주기 바란다. (2013. 3. 16.)

"서비스업 종사자의 처우 개선을 위하여"

택시요금 인상시기만 되면 서비스의 질을 문제 삼아 택시 노동자의 처우를 개선하고 서비스의 질을 향상시킬 필요가 있다고 한다. 그런데 그 논리는 요금 인상 때만 되면 단골로 나오는 얘기다. 그리고는 서비스의 향상은 언제나 찾아볼 수 없었다.

물론 택시 노동자의 임금 인상은 필요하다. 생활비의 상승과 삶의 질을 개선하기 위해서는 당연한 일이다. 그런데 서비스 향상까지 요구하려면 구체적인 플랜이 제시되어야 한다. 그러나 실제를 들여다보면 요금 인상을 한 다음에는 사용자들이 가져가는 몫이 택시 노동자 개인의 인상폭과는 비교되지 않을 만큼 많다.

결국 지금까지는 요금 인상을 통해 택시 노동자의 삶의 질 개선과 서비스 향상은 이루어지지 않고, 사용자의 이윤만 늘리는데 시민들이 기여할 뿐이었다.

(2018년 2월)

부산시의 도시철도 3호선 추돌사고 특별조사
결과 문제 있다

지난해 11월 22일 오전 8시 30분경 발생한 부산 도시철도 3호선 배산역~물만골역 하선 터널 내 열차 추돌 탈선 사고에 대한 특별감사 결과, 공기업인 부산교통공사 경영진을 비롯한 직원들의 안전 불감증과 공직기강 해이가 핵심적인 원인으로 밝혀졌다.

부산시는 지난해 11월 29일에 특별조사 결과를 발표하면서 부산교통공사 사장을 비롯한 임원 2명을 포함해 5명에 대해 중징계를 지시하고, 9명에 대해 경징계를 지시하였다. 또한 도시철도의 운용방향을 '선 안전 후 정시성'과 '선 안전 후 복구'로 전환할 것을 지시하였다.

부산시 감사실이 밝힌 주요 지적사항은 총 6항목으로 ① 열차 기관사 안전수칙 미 준수, ② 종합관제 시스템 작동 및 운용 부실, ③ 고장사고 열차 정비 부실 등 차량 유지 관리 및 운영체계 부적정, ④ 부적정 기관사, 관제사 근무 배치, ⑤ 종합관제소 근무직원 복무기강 해이, ⑥ 지휘보고 체계, 사후수습 지연 등 총체적 관리 부실 등이다.

이에 따른 처분요구 항목은 ① 고장·정차사고 전동차 정비 소홀, ② 기관사 안전수칙 등 미준수로 추돌사고 발생, ③ 열차

사고 시 종합관제 대응 및 운영 부적정, ④ 철도 시설·차량 유지관리 및 운영체계 부적정, ⑤ 열차추돌 사고 수습 및 비상대응 지연, ⑥ 종합관제소 직원의 복무기강 해이, ⑦ 적성검사 평가항목 부적합 기관사 채용 등 7종류이다.

이에 해당하는 당사자는 총괄책임이 있는 교통공사 사장을 비롯하여 부산교통공사 운영본부장이 ①~⑥항목이 적용되며, 추돌차량 기관사에게 ②번 항목이 적용되는 등 구체적인 항목 적용까지 보고서에서 밝히고 있다.

이날 허남식 시장은 이상의 특별조사 결과에 따라 배태수 부산교통공사 사장에게 기관장 경고처분을 내렸다. 그리고 임원 문책 3명을 포함하여 총 18명에 대한 문책을 발표하였다.

부산참여연대는 부산시의 감사 결과 이번 도시철도 3호선 추돌사고를 복무기강 해이와 안전 불감증에 따른 전형적인 인재(人災)로 규정하였고, 따라서 인사상 문책을 중심으로 결론이 난 것은 본질을 벗어난 결과라고 판단한다.

감사 결과에서 나타난 문제점은 다음과 같다.

첫째, 감사 결과의 제도개선 요구사항에서는 도시철도 운용 방향을 안전 최우선이라고 하지만, 정작 왜 기관사가 고장차량 위치 확인도 하지 못한 채 사고지점을 향해 출발하였는지에 대해서는 밝히지 못하고 있다.

간단하다. 공기업 경영평가 기준이 '빨리빨리 사고처리'를 강요하고 있기 때문이다. 사고처리 5분이 지연될 경우 경영평가에 반영되기 때문에 경영진은 관제사를 압박하게 되고, 관제사는 다시 기관사를 압박하는 '빨리빨리 시스템'이 작동한 결과가 가장 중요한 사고원인이라고 판단된다.

둘째, 사고 발생 시 현재의 인력구조가 정상적인 대응을 할 수 있는가의 문제인데, 지난 수년간 반복된 구조 조정, 즉 인력 감축이 진행되어온 결과 최소인력으로 운영하게 된 근본적인 문제점을 안고 있다는 점도 지적하지 않고 있다. 2인 승무제에서 1인 승무제로 된 상태가 지속되고 있고, 이는 근본적인 사고 대처에서의 한계를 보일 수밖에 없다.

마침 서울시에서는 박원순 시장이 '서울시 지하철 최적근무위원회'를 설치하였고, 지난해 9월 '서울특별시도시철도공사 정신건강실태조사 및 개선방안 연구' 결과를 한림대학교 주용수 교수팀이 발표하였다. 여기에서 도시철도 기관사의 자살 등 정신건강 문제와 대구지하철 참사 등 여러 가지 사고 원인의 하나로 1인 승무제를 지적하고 있다.

따라서 부산시의 감사결과를 잘 수용해서 처리하더라도 이런 종류의 사고에 대해 사전 방지하기 어렵다는 측면에서 무의미한 감사에 불과하다는 비판을 면할 수 없다.

그 외 부산교통공사의 감사 결과 처리과정도 투명하지 못하다. 부산교통공사는 지난 2월 4일 자체 인사위원회에서 징계결과를 발표하였다. 감사결과 중징계 5명에는 교통공사 사장과 운영본부장, 그리고 관제사 2명, 기관사 1명이다. 이 중 운영본부장과 관제사 1명, 기관사 1명이 해임되었다.

부산교통공사 임원의 경우에는 공사이사회에서, 직원의 경우에는 인사위원회에서 징계를 논의하는데 공사 이사회에서는 운영본부장에게는 중징계인 해임을, 총괄책임을 맡고 있는 사장에게는 감봉조치를 취했다는 것이다. 이는 형평성에 어긋날 뿐만 아니라 부산시의 감사 결과조차도 불수용하겠다는 것이다.

그리고 감사 결과 나타난 3호선의 비상연락전화와 일반전화가 구분되지 못한 시스템은 경영진의 책임이지 현장 노동자의 책임이 아니라고 봐야 한다.

1인 승무제와 '빨리빨리 시스템' 속에서 슈퍼맨처럼 하지 못한 기관사와 관제사를 해임 처분한 것은 결국 사건의 본질을 외면한 현장으로의 책임 전가에 불과한 것이다.

이 문제에 대한 보다 깊이 있는 대책 마련을 위해 부산참여연대는 지하철 시민안전대책위원회를 통해 공동으로 대응할 것이다. 부산시와 부산교통공사의 각성을 촉구하며, 근본적인 재발방지대책 수립을 요구하는 바이다. (2013. 2. 12.)

"책임은 책임자가 져야 한다."

사고가 발생하면 사고 원인과 함께 관리 또는 운영 주체의 책임이 따르는 것은 당연하다. 문제는 '책임을 누가 져야 하는가.'인데, 해당사업에는 반드시 그 업무를 맡은 담당자와 관리

책임자가 있기 마련이다.

우리 상식으로는 업무 당당자도 당연히 책임을 져야 하지만 그 업무를 관리하고 최종 결재하는 역할이 더 막중하기 때문에 직위와 권한을 부여한다고 본다.

그러나 현실적으로는 '책임 입증이 어렵다'는 등 여러 가지 이유로 관리자의 책임 소재를 명확히 하지 않는 경우가 많다. 그런 식으로 처리해서는 근본적이고도 본질적인 대책을 마련할 수 없다.

여전히 반복되고 있는 적폐이며, 안타까울 따름이다.

(2018년 2월)

대기업 공룡유통업체가 부산 시민의 등골을 빼먹는다

부산에서 식자재 유통시장에 진출하려고 하는 CJ프레시원이 중소기업의 사업 일시정지 권고를 무시하고 영업을 강행하고 있다.

부산시 동구 좌천동 68-18에 소재한 CJ프레시웨이(주)의 부산 점포인 ㈜프레시원 부산점은 지난해 11월 22일자로 중소기업청으로부터 사업 개시 일시정지 권고를 받았다. 그러나 CJ프레시원 측과 부산지역 중소상인들과의 1차 자율조정이 결렬되면서 영업 강행에 나섰다. 이에 대해 중소상공인 살리기 협회 측은 2차 자율조정이 무의미하다면서 1인 시위에 나서는 등 갈등이 증폭되고 있다.

부산시는 CJ프레시웨이(주)가 "사업개시 일시정지"를 따르지 않고 영업을 강행함에 따라 2013년 1월 10일자로 부산시 홈페이지에 이를 게시하였다. 그러나 그 사실을 알리고 자율조정이 될 수 있도록 촉구하는 것 외에는 부산시에서 공식적으로 취할 수 있는 조치가 없다. 이러한 사실의 공표와 조정심의회를 개최하는 것 등 일체의 권한은 중소기업청 소관이기 때문이다.

부산참여연대는 이 문제와 관련하여 먼저, 해당 지방자치단체장이 자신의 거주지에 있는 시민의 권익을 보호할 수 있는 법적 장치가 거의 없다는 점에서 이러한 민생 현안을 해결하기 위해 지방분권은 말로만이 아니라 실질적으로 이루어져야 한다는 것을 지적하고 싶다.

다음으로 중소기업청장에게는, 중소기업청의 사업 일시정지 권고를 무시하고 영업을 강행하는 대기업 CJ프레시웨이에 대해 보다 강력하게 대응할 것을 요구한다. 자율조정이라는 것은 재벌유통기업과 이 문제를 제기한 중소상인들과의 자율조정인데, 대기업에서 중소상인을 무시하면 대책이 없다.

정부의 권고조차도 무시하고 영업을 강행하는데, 자율조정 기간을 충분히 보낸 다음에 사업조정심의회를 개최하려는 것은 중소기업청의 기회주의적 태도라고 볼 수 있다. 보다 적극적인 이행명령을 내리기 위해서는 즉시 사업조정심의회를 개최해야 한다.

지금 대기업유통재벌과 중소상인간의 상생은 대기업의 양보 없이는 불가능하다. 신세계그룹의 서면 소재 이트레이더스와 중소상인 간의 소송도 진행 중이다. 이마트 이클럽은 자율조정조차 거부하고 있는 실정이다.

실제로 대기업유통재벌은 부산경남지역에서 지난 3년간 매출이 36조 원에 달했으나 지역에서의 공익사업은 매출액의 0.01%에 불과한 49억 원에 불과하였다. 이들 업체의 부산·경남 내 농산물 구매액도 매출액 대비 4.65%에 불과했다. 결국 대·중소기업의 상생을 이용하여 부산 시민의 등골을 빼먹고 있는 것이다.

지역민의 소득을 대형유통재벌이 모두 가져가 이른바 서울로 경제를 집중시키는 현재의 유통구조를 개선하지 않고서는 부산 시민들의 삶은 계속 팍팍해질 수밖에 없다. 부산시의 근본적인 대책마련을 촉구한다. (2013. 1. 18.)

"재벌유통회사에게 빨대로 빨리는 부산시민"

이미 오래된 사실이다. 재벌 공룡 유통회사가 부산 시민들의 소비를 싹쓸이해가면서 부산에 세금을 거의 내지 않고 돈을 서울로 다 가져간다는 것은⋯⋯.

그래서 현지법인화해야 한다고 주장한 지가 수십 년째다. 그래도 부산 시민들은 거대백화점과 대형마트에 가서 소비하고 있다. 시민의식이 너무나 필요한 상황이다.

부산 시민들은 왜 재벌 공룡 유통회사가 현지법인화하지 않는가를 생각해봐야 할 것이다.

(2018년 2월)

비정규직 문제 공공기관이 앞장서서 해결해야

학교와 노조의 원만히 합의로 부산 동의대 청소 노동자 파업이 지난 11일자로 마무리되었다. 그나마 다행이다. 그동안 대학을 비롯해 각 지자체마다 고용되어 있는 간접고용 비정규직 문제가 외면 받아오면서 주요 노사갈등의 원인이 되어왔다.

비정규직 문제와 관련해서 해법은 크게 두 가지가 있다. 하나는 정규직화를 하는 방안이고, 또 다른 하나는 비정규노동자에 대한 차별을 철폐하는 방안이다. 일반적으로 상시업무의 근로자일 경우에는 정규직으로 전환하는 것이 바람직하지만, 계절업무나 산전 · 후 휴가, 육아휴직과 같은 경우에는 불가피하게 비정규직을 사용할 수밖에 없다. 그럴 경우에 비정규직 사용 사유 제한을 두어야 하고, 당연히 비정규직 노동자에 대한 차별을 폐지하여 정규직과 같은 수준의 대우를 하는 것이 필요하다.

지난 18대 대선에서는 박근혜 대통령을 비롯한 후보들이 공공부문부터 정규직화 실시 공약을 내걸었다. 이는 정부와 지자체를 비롯한 공공부문이 모범적 사용자로서의 역할이 필요하기 때문이다. 이와 관련하여 가장 모범적인 지자체가 서울시이다.

서울시는 마침 2013년 1월 1일부터 서울시 산하 공공청사와 지하철 역사 등에서 근무하는 간접고용 비정규직 6,231명을 단계적으로 직접고용, 정규직으로 전환한다고 발표하였다. 서울메트로와 도시철도공사에서 근무하는 3,116명에 대해서는 자회사를 설립하여 6월 1일자로 전원 정규직화를 선언했고, 본청과 사업소 등에서 일하는 청소 노동자 1,056명은 계약 종료 시점에 서울시가 직접 고용하기로 하였다.

이로써 청소 근로자 4,172명, 시설 근로자 731명, 경비 근로자 512명, 주차·경정비·기타 816명 등 총 6,231명의 간접고용 비정규직 노동자가 정규직화로 전환될 예정이다. 간접고용을 직접고용하면 비용이 늘어난다고 잘못 알려져 있는데, 서울시의 경우 청소 노동자를 직접고용하면 인건비가 16% 늘어나지만, 민간용역업체에 주는 이윤과 관리비가 39% 가량 줄면서 오히려 연간 53억 원의 예산 절감 효과가 있는 것으로 밝혀졌다.

부산시의 경우, 노동인권연대와 부산참여연대 등에서 2012년에 간접고용 비정규직 조사를 실시한 결과 간접고용 비정규직의 경우 7개 구군에서만 3천여 명에 이르는 것으로 조사되었다. 16개 구·군과 부산광역시, 그리고 본청과 사업소, 공사, 공단 등 지자체 출연기관 등을 모두 합하면 1만 명이 웃돌 것으로 예상된다. 그런데도 부산의 경우에는 기초나 광역단위에서 이러한 시도가 거의 없다는 것이 문제다.

이번 동의대 청소용역 노동자 노사분규 타결을 계기로 지자체와 공사, 공단의 간접고용, 대학의 간접고용 비정규직 노동자들이 더 이상 차별을 받지 않도록 직접고용으로 전환하는 새로운 전기가 되기를 바란다. 부산시를 비롯한 공공기관과 각 대학은 2013년에는 비정규직 없는 새해가 되도록 노력해줄 것을 거듭 당부한다.(2013. 1. 16.)

"여전히 갈 길이 먼 비정규직의 정규직화"

공공부문에서 먼저 비정규직 차별철폐에 대해 모범을 보여야 한다는 목소리는 너무나 오래되었다. 그러나 일선 공무원들이나 공공기관의 직원들은 모두 시험이라는 관문을 통과하여 지금의 위치에 있다 보니 "비정규직도 시험을 보면 되지 않나."라는 논리로 차별을 합리화시키기도 한다.

'시험'은 최소한의 선별기능은 있을지 몰라도 업무능력까지 결정 짓지는 못한다. 현실적으로 정규직보다 훨씬 업무를 잘 해내고 유능한 비정규직이 많은 것도 사실이다.

지금, 정규직 전환을 위한 심의위원회가 개최되고 있고, 한편으로는 성과도 있지만 아직도 갈 길은 멀다. 단체장부터 적극적인 의지를 가지고 임해야 비정규직의 정규직 전환이 실질적인 정책 효과를 거둘 수 있을 것이다.

(2018년 2월)

부산시와 유착된 부산도시가스 비리 엄단하라

부산도시가스는 민간기업체인 SK E&S가 대주주인 사업체이고, SK E&S는 재벌그룹 SK가 94%의 지분을 가진 계열회사이다. 그리고 부산도시가스는 부산광역시 내 도시가스 공급을 독점하고 있다. 따라서 운영주체는 민간 기업체이지만 사업의 성격은 공익적 사업이다. 그래서 도시가스 요금에 대한 결정권은 부산광역시가 가지고 있다.

보도에 따르면, 부산도시가스가 배관 투자비와 자산을 부풀려 도시가스요금을 부당하게 인상해왔다는 의혹이 제기되었다.

도시가스 요금은 매년 '물가심의위원회'의 심의를 거쳐 부산시가 결정하게 되어 있고 요금 결정은 한국가스공사에서 구입해온 '연료비'에 '공급 비용'을 합산해 결정하도록 되어 있다. 여기서 '공급비용'은 그 해의 가스 배관 투자비와 가스판매량 등을 고려해 산정하는 것으로 배관투자를 많이 하면 가스요금이 더 많이 인상된다.

의혹은 이렇다. 부산도시가스가 도시가스사업법에 따라 매년 배관 투자계획을 공고하는데, 2010년 380억 원, 2011년 316억 원, 2012년 394억 원을 투자하겠다고 공고했다고 하나 실제 투자 금액은 388억 원으로 공고된 금액의 48%에 불과하다는 것이다. 그리고 부산시와 부산도시가스는 부풀려진 투자 계획을 바탕으로 요금을 부풀렸다는 것이다. 이것이 사실이라면 부산시와 부산도시가스는 부풀려진 요금을 시민들에게 부과한 것이 된다.

이에 대해 부산도시가스는 위의 보도가 허위보도라고 하면서 해명자료를 내어 반박하고 있으며, 또한 언론중재위원회에 회부하겠다고 하여 논란이 되고 있다.

그럼에도 불구하고 우리가 부산시와 부산도시가스의 유착관계를 의심하는 이유는 다음과 같다.

첫째, 부산시의 도시가스 관련 업무는 줄곧 기간산업과에서 맡아오다 지난 2010년 기간산업과장이 신성장산업과로 자리를 옮기는 과정에 도시가스 관리 업무도 함께 옮겨졌고, 올해 7월 같은 과장이 다시 기간산업과장으로 발령 나면서 도시가스 관리업무도 역시 기간산업과로 옮겨졌다는 사실이다. 결국 현재 담당과장이 지난 10여 년간 도시가스 업무를 도맡아왔다는 것이다.

누가 보더라도 상식적으로 납득할 수 없는 일이다. 인사권을 가진 상급자의 지시와 묵인 없이 가능한 일인가를 묻고 싶다.

둘째, 부산시는 최근 도시가스 공급규정을 개정하였는데, 이는 상위법인 '도시가스사업법'에 근거해 누가 배관 공사비를 내야하는지 요금은 어떻게 결정하는지 등이 나와 있는 규정이다. 그런데 부산시는 올해 공급 규정을 일부 개정해 문구 하나를 추가하였다.

그 내용은, "'도로'라 함은 도로법 제 8조에서 정한 도로를 말한다."라는 것으로, 그 규정에 따르면 '사유지 도로는 도로가 아니라'는 것을 의미한다. 이러한 조항이 신설됨으로써 부산도시가스는 사유지 도로에 놓이는 공급배관 설치비용을 부담하지 않게 된다는 의혹이 있다. 도시가스 공급규정상 도로를 국·공유지 도로로 한정할 근거가 없다는 최근 법원 판결과도 어긋나는 것이다.

이 점에 대해 부산도시가스는 사업주체로서 공급규정의 개정을 신청할 자격과 권한이 있다고 밝히고 있고 또한 반론을 하고 있는 상황이므로 논란의 여지가 있는 것으로 얘기하고 있다.

그러나 우리는 부산시에 다시 의문이 들 수밖에 없다. 과연 부산시는 부산시민의 이익을 대변하는 단체인가? 아니면 시민의 부담이 늘어나도 민간업체의 이익을 우선적으로 대변하는 단체인가?

SK 재벌의 계열회사인 SK E&S는 전국 33개 도시가스 공급업체 중에서 8개 지역을 독점공급하고 있는 기업이다. 그리고 공익사업을 민간 사기업이 운영하고 있다면 당연히 이를 규제하는 규제당국과 사업주체는 시민의 이익을 위해서는 밀접해야 하지만 이익이 배치될 가능성 또한 있으므로 최대한 멀리해야 하는 것 역시 중요하다.

그러나 보도와 같이 담당과장이 부산도시가스의 직원과 함께 술집에 드나드는 것을 종업원이 알 정도라면 심각한 문제이다. 이것이 비록 몇 년 전의 일이며 이미 처벌받았고 지금은 그렇지 않다고 하지만 더욱 자세히 조사해볼 일이다.

이 사건에 대해 부산시와 사정 당국은 한 점 의혹 없이 조사해야 할 것이고, 그 결과에 따라 민·형사상 처벌 등 적절한 조치를 취할 것을 촉구한다. (2012. 11. 12.)

"부산시의 비리 한두 건이 아니다."

최근 해운대 LCT 비리 커넥션을 보고 있으면 결국 터질 것이 터졌다는 말밖에 할 수 없다. 시민들의 상식으로 이해할 수 없는 토건사업들의 인·허가가 내려진다는 사실 자체에서 이미 비리는 시작되고 있다고 해도 과언이 아닐 것이다.

'법의 교묘한 틈새를 이용해서 어쩔 수 없었다.'고 하지만 그런 방법을 짜낼 때는 이미 관과 자본의 유착이 없이는 불가능한 일이다. 서로 봐주기를 멈추지 않으면 비리는 계속될 수밖에 없다.

(2018년 2월)

대티역 화재······ 안전에 둔감한 부산교통공사

8월 27일(월) 오후 2시 3분경 부산도시철도 1호선 대티역에 서대신동역에서 진입하던 전동차 위 전차선과 연결부위에서 불이 나면서 열차가 정지하는 사고가 발생했다. 불은 출동한 소방관에 의해 20분 만에 진압이 되었지만 승객 약 40명이 연기를 마셔 인근 부산대병원과 동아대병원 등에 후송되어 치료를 받았다. 사고 전동차는 서대신동을 지나 대티역으로 진입하던 중 객차 8량 가운데 뒤에서 두 번째 전동차의 전력 공급선인 팬타그라프에서 스파크가 일어나 "쾅"하는 소리와 함께 화재가 발생했다고 목격자들은 전했다.

보도에 따르면, 이날 사고 직후 정전까지 발생해 탈출을 시도하는 200여 명의 승객들이 뒤엉키면서 큰 소동을 빚었고 사고 열차에 타고 있던 배진수(47) 씨는 "연기가 순식간에 피어오른 데다 정전으로 앞을 분간할 수 없어 많은 승객들이 우왕좌왕했다."면서 "그런데도 대피요원이 보이지 않았고 안내 방송도 들을 수 없었다."고 말했다. 에스컬레이터는 밀려드는 사람들로 혼란스러웠으며 그 와중에 아주머니 한 분이 쓰러지기도 했다고 전했다. 대티역은 지하 5층에 해당되는 구간이어서 대형사고로 이어지지 않은 것이 천만다행이라고 해야 할 것이다.

경찰은 정확한 사고원인을 조사 중이라고 하지만 이미 올해만 해도 부산도시철도 화재는 세 번째나 발생했다. 문제는 사고가 났을 때 대처능력이다. 192명이 사망하고 148명이 부상을 입은 9년 전 대구지하철 참사와 같은 대형사고로 이어질 가능성이 언제든지 있다는 점이다.

부산도시철도의 안전문제는 한두 번 제기되는 것이 아니다. 부산교통공사는 경비 절감을 위해 끊임없이 인력축소와 구조조정을 시도하였고, 노선은 늘어났지만 신규채용 없이 기존 인원으로 대체해왔다. 그 결과 전동차에는 승무원이 두 명에서 한 명으로 줄었고, 역사(驛舍)에는 업무를 위한 최소 인원만 있기 때문에 만일의 사태에 대비할 인원이 부족하다.

그리고 전동차의 중수선 부분은 아웃소싱을 통해 비정규직이 업무를 맡고 있다. 상대적으로 높은 수준의 연봉을 받는 부산교통공사의 정규직 기술 인력은 경미한 수선에 투입되고, 임금차별과 고용불안에 떠는 비정규직들이 차량의 중수선을 맡고 있는 비상식적 상황이 존재하고 있다.

또 최근 부산시는 지난해 12월 공모를 거쳐 배태수 전 부산시의회 사무처장을 부산교통공사 사장에 임명했으나 법원이 '응모 당시 사장 후보 자격이 없고, 이사회 의결을 거치지 않았다.'는 절차상의 하자를 이유로 임명 처분을 취소한 바 있다. 그러나 최근 다시 배태수 전 사장을 임명하면서 허남식 시장의 부산시 고위 공무원 낙하산 인사를 반복하였다.

그러면서도 부산도시철도의 요금은 전국에서 가장 비싼 편에 속할 뿐 아니라 버스로 환승 시 전국에서 유일하게 환승요금 200원을 더 받아 가고 있다. 이는 부산교통공사와 함께 부산시가 꼼수를 부려 승객들의 주머니에서 돈을 빼내어 가는 것과 같다.

따라서 부산시와 부산교통공사는 다음과 같은 조치를 취해야 한다.

첫째, 전동차 탑승 승무원을 현행 한명에서 두 명으로 늘려야 한다.

둘째, 비상사태에 대비할 수 있도록 각 역사(驛舍)마다 안전교육을 이수한 정규직 역무원을 확충해야 한다.

셋째, 낡은 시설을 전면 재점검하고, 낡은 차량에 대한 정밀진단을 통해 재발방지 대책을 세워야 한다.

넷째, 반송선 등 무인선을 폐지하고 승무원을 배치해야 한다. (2012. 8. 28.)

"안전이냐 효율이냐, 그것이 문제다"

효율성을 추구하기 위해서는 안전은 뒷전으로 밀려날 수밖에 없다. 1인 승무원과 무인선은 효율지상주의의 결과이다. 거의 발생할 가능성이 없을 '사고'를 방지하고자 인력을 채용하고 시설을 보수하는 것은 비효율적이라고 생각한다. 바로 그것이 자본의 논리다.

그러나 혹시 모르는 사태에 대비하여 시설을 보수 점검하고 인력을 배치함으로써 우리는 최상의 가치인 '안전'을 얻을 수 있는 것이다. 나아가 고용 효과도 얻을 수 있다. 지금처럼 안전을 최우선으로 생각하는, 청년 고용 절벽 시대에 정말로 필요한 것이 무엇일까?

(2018년 2월)

대형마트는 중소상인과 진정 상생하고 싶을까?

대형마트 의무휴업 조례를 둘러싼 공방이 전국 곳곳에서 벌어지고 있다. 지자체에서 지역 중소상공인을 살리기 위한 최소한의 조치로 만든 의무휴업 조례는 대형마트의 월 2회 휴무와 야간시간(00시~08시) 영업제한을 주요하게 규정하고 있다. 그러나 재벌 대형마트들은 이러한 최소한의 조치마저 수긍하지 않고 여러 가지 이유를 대면서 조례처분 취소 소송과 함께 집행정지 가처분신청을 제기하고 있다. 이미 50여 곳에서 집행정지 가처분 신청이 받아들여졌다.

부산에서도 지난달 체인스토어협회에서 제기한 집행 정지 가처분 신청이 받아들여져 남구 지역 대형마트들의 휴무일 영업이 재개되었다. 그런데 이번에는 부산지역 13개 구에서 한꺼번에 소송을 제기하였다. 결국 조례를 시행하고 있는 모든 지역구에 소송을 제기한 셈이다.

소송의 발단이 되었던 서울 행정법원의 판결에서도 의무휴업 조례를 실체적 위법이 아니라 절차적 위법으로 명시하여 의무휴업제는 필요하다는 점을 명확히 하였으나, 이윤에 눈 먼 재벌 대형마트들은 이러한 빈틈조차도 인정하지 않고 무차별적 공세를 퍼붓고 있는 것이다. 일이 이쯤 되면 해도 해도 너무

한다는 말밖에 나오지 않는다. 재벌의 탐욕은 과연 어디까지인
지? 백을 가진 자가 하나를 가진 자의 '생존을 위한 마지막 하
나'까지 빼앗아 자신들의 탐욕을 채우려는, 그 인면수심에 경
악하고 분노할 따름이다.

　물론 전문가의 입장에서는 절차적 문제를 다시 준비하여
조례 재개정을 하면 별 문제가 없다고 할 수 있지만, 재벌 대
형마트들이 이처럼 대대적인 공세를 취하는 이유는 다른 데
있다고 판단된다. 재벌 대형마트들은 금번 소송에서 단순히
절차적 문제 시정으로 그칠 것이 아니라 이참에 단단히 못을
박아 이와 유사한 사태를 미연에 방지함으로써 자신들의 무
제한적 영업이익 추구를 보장 받기 위한 호기(好期)로 삼고자
하는 것 같다.

　그리고 법원의 판사들이 지역경제에 대한 세밀한 판단보다
는 판례의 추세에 더 민감하다는 약점을 악용하고자 하는 것
같다. 해당 소송에서 실제 판결을 내리는 판사들은 지역주민이
아닌 경우가 대부분이고, 그들의 퇴임 후를 생각하면 지역주민
이나 중소상공인들의 눈치를 살필 이유가 없는 존재이다. 이러
한 점들이 재벌 대형마트의 노림수가 아닐까 판단된다.

　그러나 경제민주화의 회복에 중차대한 시험대가 될 수 있는
금번 소송에서 사법부는 민주주의 국가의 근간을 이루고 있는
분배 정의에 대해서 다시 한 번 진지하게 생각해보아야 할 것
이다. 재판부는 최후의 정의 수호자이다. 존 롤즈의 경구나 마
이클 샌델 교수의 말은 인용하지 않더라도 분배 정의가 정의의

최상위 덕목이라는 것은 누구나 알고 있을 것이다. 이러한 점이 판사들이 놓치지 말아야 할 덕목이 아닐까.

부산지방법원의 판사는 다른 지역의 추세에 눈치 보지 말고 분배 정의를 실현할 수 있는 판결을 해줄 것을 기대한다. (2012. 8. 2.)

"대형마트가 자발적으로 중소상인과 상생하고 싶지는 않다"

재벌들이 중소상공인들과 상생하는 모습을 한국에서는 본 적이 없다. 그렇지 않다면 오늘날 헬조선이라는 말은 나오지 않았을 것이다. 그래서 법과 제도를 통해 상생을 강제하는 것이다.

그러나 정의는 절차만으로 끝나지 않는다. 내용적으로 작동되어야 한다. 법원의 판결과 행정 조치, 그리고 법과 제도를 통해 강제될 때 약육강식의 자본주의는 그나마 인간적인 자본주의가 될 수 있다.

분배정의를 위한 정책이 강력하게 집행되어야 한다.

(2018년 2월)

부산 청년 유출 1만 명, 경제손실 2조 7천억, 근본부터 재점검해야

부산고용포럼(상임대표 김종한 경성대 교수)이 오늘 오후 4시 부산고용센터에서 '부산지역 청년층 역외 유출 현황과 방지 방안' 1차 연구 결과를 발표한 내용을 보면, "부산에서 매년 1만 명 수준의 청년들이 부산을 떠나고 있으며, 이에 따른 직·간접적인 경제 손실이 1년에 2조 7천249억 원에 달하는 것으로 추정된다."는 연구 결과가 나왔다. 이는 2010년 부산 지역내총생산(GRDP)의 4.6%가 외부로 유출되는 것과 맞먹는 수치라는 것이다.

그동안 부산시를 비롯하여 부산지방고용노동청 등에서 청년실업 해소를 위해 다양한 노력을 해왔으나 청년실업문제와 청년 노동력 유출문제가 크게 나아지지 않고 있다.

이미 많은 수의 청년들이 일자리를 찾아서 수도권과 인근 울산, 경남으로 빠져나가고 있음을 알고는 있었지만 이렇게 대규모로 유출되고 있다는 사실은 정말 충격이다. 그리고 이 연구결과는 부산의 청년유출과 청년실업문제가 단지 청년인턴이나 해외인턴의 기회를 늘린다고 해소될 문제가 아니라는 것을 보여주고 있다.

부산지역의 경제비중규모는 이미 80년대 이후 상당히 축소

되었다. 이후 지속적으로 산업구조조정과 대기업의 역외유출 등이 진행되어 이제는 중소기업이 압도적인 비중을 차지하고 있으며, 제조업의 비중 또한 지속적으로 줄어들어 17% 수준에 머물고 있는 상황이다. 그 과정에서 질 낮은 서비스 업종이 빈자리를 채우면서 낮은 수준의 일자리들이 늘어난 반면 좋은 일자리 비중은 감소되었기 때문이다. 이런 상황에서 앞길이 구만리 같은 청년들에게 눈높이를 낮추라는 얘기는 하나마나한 얘기다.

게다가 중소기업이 어렵게 기술을 개발해도 바로 대기업에게 그 기술을 빼앗기는 구조이기 때문에 꾸준히 성장하지 못하고 있는 것이 현실이다.

이는 비단 부산지역만의 문제가 아니다. 지역의 인재들이 지역에서 삶의 기반을 찾지 못하고 수도권으로 이동하면 그만큼 국가균형발전에도 도움이 되지 않고, 결국 수도권 집중현상이라는 사회적 문제만 커질 뿐이다. 그러나 개인의 입장에서 보면, 보다 나은 삶을 찾기 위해서 부산을 떠나 수도권으로 이주하는 것을 억제할 길은 없다.

결국 부산을 비롯한 지역사회가 앞장서야 할 뿐만 아니라 국가적 차원에서 이 문제를 접근해야 한다고 본다. 중소기업의 임금과 근로조건을 향상시키고 고용창출을 위해 정규직 일자리를 늘리며 대기업과 중소기업이 상생할 수 있는 방안을 만들어내야 할 것이다.

중앙정부와 수도권이 지역경제에 대해 관심을 갖지 않는다

면 각 지역별 연대를 통해서라도 이 문제를 부각시키지 않으면
안 될 것이다. 그 점에서 지방분권이 가지는 의미가 중요하다
고 본다.

부산 시장은 전국시·도지사협의회 의장직을 수행하고 있
을 뿐만 아니라 여당 소속 3선 광역단체장이다. 그리고 힘 있
는 여당 국회의원이 부산지역에 즐비하다. 여당의 핵심 사무총
장도 부산 출신 국회의원이다. 부산시와 부산지역 국회의원들
이 제대로 역할을 하였는가에 대해 다시 살펴볼 필요가 있다.

결국에는 재벌 개혁과 지방분권이 그 시작이 되어야 한다.
근본적인 문제를 해결하지 못한다면 부산 지역의 청년 유출
문제는 점점 더 심각해질 것이다.(2012. 7. 10.)

"여전히 심각한 청년 유출"

부산 지역의 청년 유출 문제는 오랫동안 제기되어 온 것으로,
조금만 관심 있는 부산 시민이라면 모두 다 알고 있는 심각한
문제다. 그런데도 여전히 청년층은 부산을 떠나고 있다. 일자
리가 없어서, 또는 부산에 기반을 두고 일할 수 있는 여건이 부
족해서다.

서울에서 청년수당을 얘기할 때 부산은 침묵했다. 청년들이
주택임대료만 낮춰도 상가 임대료만 안정되어도 창업을 할 수

있다고 호소하였지만 민간영역이라는 명분 때문에 방치해왔다. 그러면서 청년 일자리를 늘린다고 떠들기만 해오지 않았던가? 결국은 정책의지가 약하기 때문이다.

(2018년 2월)

화물운송노동자의 최저 생존을 위한
표준운임제를 시행해야

오늘 오전 7시부터 민주노총 공공운수노조 화물연대본부가 파업에 들어갔다.

2008년 이후 4년 만에 총파업에 들어간 것이다. 정부는 파업조합원이 화물차의 운송을 방해할 경우 면허정지 등 강경대응 방침 입장을 표방하고 있다.

그런데 대부분의 언론은 화물연대의 핵심 요구사항인 표준운임제의 필요성에 대해서는 기사화하지 않고, 화물연대 파업으로 인한 피해상황 보도에만 열을 올리고 있는 실정이다.

물론 대통령부터 나서서 화물연대 파업이 바람직하지 않다고 하고 있으니 정권의 눈치와 무관하지 않는 언론의 입장에서는 그럴 수밖에 없을지도 모른다. 그러나 2003년과 2008년 파업을 통해 화물노동자들의 고통은 이미 잘 알려져 있다. 더군다나 최근의 유가 인상을 생각하면 화물노동자들의 고통은 이루 말할 수 없을 것이다.

국토해양부에서는, 화물노동자들은 노동자가 아니라고 하지만 그들은 명목상 차주일 뿐 운송업체에 종속되어 있다는 점에서 노동자와 다를 바 없다는 것 또한 확인된 사실이다. 이른바 "특수고용노동자"라는 이름으로 노동권조차 보장받지 못하고 화주와 운송업체, 알선업자 등 다단계 운송시스템으로 수탈당하고 있는 최말단의 노동자에 불과하다는 것도 이미 잘 알려진 사실이다.

화물연대의 파업은 사실 새삼스럽지도 않다. 정부는 오는 7월까지 표준운임제 시범기간을 끝내고 내년부터는 본격적으로 표준운임제를 시행하기로 하였으나 그 약속을 어겼다. 이에 표준운임제의 시행이 불투명해졌다는 점에서 이번 파업의 원인은 정부에 있다는 점을 방기하면 안 될 것이다.

소득 분배가 갈수록 악화되고 있는 현실에서, 가장 밑바닥에서 일을 하고 있는 화물 노동자들이 파업하였다. 얼마 전에는 택시 노동자들도 파업하였다. 곧 건설 노동자들도 파업을 예정하고 있다.

정부와 지자체, 그리고 재벌과 자본가들은 현재와 같이 빈곤화가 심화된다면 과연 이 사회가 제대로 돌아갈 것인지 생각해봐야 한다. 노동자들의 고통은 곧 전체 국민의 삶의 질과 직결되고 있다고 해도 과언이 아니다.

탄압 일변도가 아닌 진지한 대화와 타협으로 화물연대 파업을 해결할 것을 요청한다. (2012. 6. 25.)

"해양과 항만이 부산의 먹거리를
책임질 수 있을까?"

부산항은 우리나라 수·출입의 80%를 담보해온 명실상부한 관문이었다. 부산항을 통해 이루어지는 무역이 부산을 산업 도시로 성장시켰다. 그러나 점점 부산항의 위상이 약화되고 있다. 일관성 없는 정부정책이 주요 원인이기도 했지만, 갈수록 치열해지는 경쟁도 한몫했다.

화물자동차는 모두 지입으로 변경되었고, 안정적이었던 화물 노동자들은 졸지에 특수고용직 노동자로 전락했다. 항만 현대화와 그에 따른 부가산업을 발전시키기보다 인건비 절감을 통해 경쟁을 한 결과이다.

이러한 전근대적인 방식으로는 결국 경쟁에서 뒤처질 수밖에 없다. 지금부터라도 화물 노동자들의 처우개선을 통해 새로운 경쟁력을 갖춰야 한다. 소득 주도의 성장이 정부의 과제라고 천명한 '지금' 말이다.

(2018년 2월)

부산지역 기초지자체의 주민참여예산제 준비과정 부실

주민참여예산제의 취지를 잘 살려야

2012년부터 전국적으로 주민참여예산제를 확대 시행한다. 그러나 부산참여연대에서 자체적으로 부산지역 기초자치단체의 주민참여예산제 운영현황을 조사한 결과 기초자치단체의 주민참여예산제 기획에 몇 가지 문제점을 발견하였다.

먼저 부산광역시 16개 기초자치단체 중에서 동래구와 해운대구는 이미 2008년부터 주민참여예산제를 시행해오고 있는 중이다. 그러나 동래구와 해운대구의 경우에도 주민참여예산제가 활성화되었다고 하기에는 여전히 미숙해 보였다. 동래구는 주민참여예산위원을 주민들을 대상으로 공개모집하지 않고 동장 추천과 구청장 추천으로 구성하고 있다.

나머지 14개 기초자치단체는 2012년부터 주민참여예산제를 시행한다. 그중에 기장군과 동구, 서구, 중구, 영도구는 공개모집이 없다. 영도구의 경우에는 이미 내정되어 있다고 한다. 공개모집하지 않는 사유는 조례상 공개모집 조항이 없다는 것이다. 대신에 자치위원회 또는 동장 추천으로 구성한다고 할 때 제대로 된 주민참여예산제가 될지 의구심을 떨칠 수 없다.

그리고 주민참여예산제 계획수립이 되어 있는 기초단체는 강서구, 북구, 사하구, 해운대구, 연제구, 영도구, 서구, 동래구

정도이다.

　주민참여예산위원의 구성시기도 동래구와 해운대구를 제외하면, 영도구가 이미 내정되어 있고 수영구가 3월까지 구성할 계획이다. 강서구, 금정구, 남구, 북구는 4월 중에 계획 중이며 연제구는 5월 중, 중구는 5~6월, 기장군은 6월까지, 동구는 6월~9월, 서구는 8~9월 그리고 부산진구와 사하구는 아직 구체화되지 않고 있다.

　그나마 비영리 민간단체의 추천을 조례에 명시하고 있는 곳은 부산진구와 사하구, 북구, 해운대구 정도이다.

　주민참여예산제를 제대로 시행하기 위해서는 주민들의 의견수렴과 예산학교의 운영 등 해야 할 일이 많다. 또한 예산의 어느 범위까지 논의할 것인지에 대해 그리고 주민참여예산제 운영방안에 대해서도 사전에 충분히 의견을 나눌 필요가 있다.

　그러나 대부분의 지자체는 주민참여예산제 운영에 그다지 큰 의미를 두지 않는 것처럼 보인다. 무엇보다도 주민참여예산제의 의의와 취지를 잘 살리기 위해서는 이를 시행하는 기초자치단체의 장과 담당자의 전향적인 입장과 태도가 중요할 것이다.

　또한 제대로 된 주민참여예산제의 올바른 시행을 위해서는 기초자치단체에만 맡겨둘 것이 아니라 정부와 부산광역시 차원에서 통일적으로 시행될 수 있도록 교육과 지도가 절실하다.

(2012. 3. 20.)

"형식적인 주민참여예산제"

5년이 지난 지금도 주민참여예산제는 여전히 형식적이다.

(2018년 2월)

부산시는 지역 내 중소상공인과 자영업자를 살리기 위한 진정성 있는 정책을 제시하라!

부산시의 대형마트, SSM 규제는 뒷북행정에 불과하다.

부산시가 오늘 "대형마트 사업 확장 규제에 관한 부산시 입장"이라는 보도 자료를 통하여 대형마트 등의 사업 확장을 최대한 억제하고 대·중·소 유통사업 간의 상생발전을 적극 도모해나갈 계획이라고 밝혔다.

부산시가 밝혔듯이 이미 부산에는 36개의 대형마트가 입점해 있고 그 밀도가 서울, 인천, 대구보다 훨씬 높아 인구 10만 명당 1.01개 수준으로 이미 포화상태에 이른 것으로 인정하고 있다.

이러한 부산시의 입장에 대해 우리는 참으로 한심하다는 생각과 함께 뒷북행정임을 부산시가 먼저 인정하고 이제라도 규제하겠다는 표현을 하는 것이 올바르다고 지적하고 싶다. 부산시의 말대로 이제는 추가 입점에 따른 시민 편의성 제고 효과가 낮으니까 말이다. 다시 말하면 더 이상 들어가 봐야 이윤도 별로 생기지 않으니 이제 규제해도 된다는 재벌들의 표현과 무엇이 다른지 알 수 없기 때문이다.

이미 2011년 이마트 트레이더스, 홈플러스 반여점 등에서의 중소상인들과 자영업자들의 저항에 대해 부산시는 모르쇠로 일관해왔다. 홈플러스 반여점의 경우 전통시장과 500m 내에 위치하고 있음에도 '해운대구'와 '동래구'로 기초자치단체가 다르다며 허용한 사례에서 보더라도 부산시는 무능한 조정능력과 중소상인을 보호하고자 하는 의지가 없음을 보여주었다. 최근 홈플러스 연산점 공사 와중에 발생한 주민들의 민원에도 모르쇠로 일관하고 있는 것도 부산시가 재벌의 편에 서 있다는 증거에 불과한 것이다.

그럼에도 부산시가 이러한 입장을 낸 것은, 보도자료에서도 적시하였듯이 결국 지난 1월 17일 유통산업발전법이 개정·공포됨에 따라 어쩔 수 없이 입장을 발표하는 것이 아닌가라는 의구심을 풀 수가 없다. 부산시는 진정 지역 내 중소상공인과 자영업자의 권익을 지키기 위해 무엇을 노력했는지 자성해보기 바란다.

부산시는 더 연구하고 고민해서 대책을 제시하라!

재벌들이 중소상공인들의 고유 업종으로 인식되고 있는 업종에까지 진출하면서 여론이 악화되고 또한 선거시기가 되면서 정치권의 규제 움직임이 활성화되고 있는 현재 부산시의 대형마트와 SSM 규제 입장은 철 지난 대책에 불과할 뿐이다.

오히려 재벌 대기업들은 최근 식자재유통업에 진출하기 위해 사업을 확대하는 중이며, 이에 대해 식자재를 납품하는 중소상공인들의 거센 저항에 직면하고 있다. 또한 재벌들은 규제가 상대적으로 느슨한 인터넷 매장을 확장하는 추세로 발전하고 있다. 부산시가 진정으로 지역 내 중소상공인들과 자영업자들의 생존권을 지키려 한다면 보다 적극적인 조치를 취해야 할 것이다.

당장 건설되고 있는 대형마트와 관련한 민원부터 꼼꼼히 챙겨서 주변 상인들과 주민들의 불편을 최소화하고, 그 과정에서 잘못된 점이 있다면 과감히 허가를 반려하는 조치를 취해야 할 것이다.

다음으로 현재 중소상인들과 첨예하게 대립하고 있는 대기업의 식자재 유통업 진출에 대해 보다 적극적인 대책을 세워야 할 것이다.

또한 온라인 매장을 확대하려고 하는 대형매장의 행태에 대해서도 실태 파악과 함께 중소상공인과 자영업자를 보호하기 위한 대책을 마련할 것을 요청한다. (2012. 2. 13.)

"여전히 필요한 정책이다"

돌아오는 지방선거에서는 중소상공인과 자영업자를 살릴 수 있는 제대로 된 정책과 공약이 나오기를 기대한다. 그리고 이를 실천할 수 있는 진정성 있는 단체장이 선출되기를 희망한다.

(2018년 2월)